実録」にみる
開戦と終戦

半藤 一利

岩波ブックレット No. 932

はじめに――『昭和天皇実録』について

たとえば、こんな新しい事実が見つかるのである。

明治三十四（一九〇一）年四月二十九日午後十時十分、昭和天皇は皇太子嘉仁親王（大正天皇）と皇太子妃節子《さだこ》（貞明皇后）の第一子として東宮御所で誕生した。そして誕生七日目の五月五日には命名式が行われ、名前が裕仁《ひろひと》、称号は迪宮《みちのみや》と官報に告示される。

とここまでは、大抵の史書にでているから別に特筆するほどのことはない。が、この五日の正午から宮城の豊明殿で天皇・皇后より参賀の皇族、大臣、親任官たちに酒と食事が振舞われ、この席で林友幸（明治天皇の第八・第九皇女の養育にあたっていた人）の音頭により、万歳三唱が行われた。これが宮中での万歳が初めて唱えられたとき、と記されているのである。読みだしてすぐにこうした事実につき当ると、わたくしのような歴史探偵は思わず膝を叩いてニッコリしてしまうのである。

『昭和天皇実録』はいま最初の二巻分が刊行されている。宮内庁が二十四年五カ月をかけて編集した全六十一冊、約一万二千ページのこの『昭和天皇実録』（以下『実録』とする）には、こうした思いもかけない新事実が多く記されている。このあと五年をかけて全十九巻で完結するというのであるが、「人間、長生きはするものだ」とほんとうに楽しみは尽きない。が、完結まではとても生き長らえることはできまい。それに八十五歳の老骨には、正直にいって一万ページを超す大冊を完読するということは無理というほかはない。それが残念に思われてならない。

要は、この『実録』は昭和天皇誕生の明治三十四年から、昭和六十四(一九八九)年の崩御までの八十七年間の記録である。宮内庁書陵部編修課は編纂・編修にあたり、天皇に関する事項に関しては「ありのままに叙述する」「皇室全般あるいは政治・社会・文化及び外交等についても、天皇との関わりを中心に、適宜これを記述する」と凡例で説明している。つまり、戦前においては君主、戦後にあっては象徴として、天皇が関わることになったいろいろな出来事についても目くばりよくすべて記述したということになる。ということで、これは日本の近現代史の基本史料として成立している大著である、といっていいのである。

そしてさすがに宮内庁書陵部が編んだもののゆえに、実に多くの史料・資料が使われている。その数三千百五十二点という。しかも新発見の史料は四十点に近いのではないか。天皇のお側で仕えた「侍従日誌」や「内舎人《うとねり》日誌」など、あるいはひそかに付けられていたメモ類など、知られていなかったものが使われていることは驚きであるというほかはない。

そして書陵部の歴史執筆の基本方針としては、戦前と戦後の歴史の連続性を主題として、昭和天皇の八十七年の生涯は平和主義と国際協調を常にめざしたものである、ということを描きだすことにある、そうわたくしには読みとれた。であるからといって、憶測や推量をもちこんで正当化しているわけではない。あくまでも抑制をきちんと効かし、公正たらんと最大の配慮を傾注している。それだけに、『実録』には天皇の心理あるいは心中にまで踏みこんでの描出はほとんどない。史料をきちんとおさえることでそれを語ることもできると考えているのであろう。あくまでも心情に立ち入ることはない。それはほんとうに徹底している。

わたくしはそれゆえに『実録』を基本において、いくつかの重要な局面において、すでにこれまでに知られている(とされている)歴史的事実がはたして正しいものであったかどうかを、つまり昭和天皇がどのような君主であったのか、最大の危機のときにどのような決断をされたのか、をあらためて検証しなければならないと考えた。そうすることが、あの大戦争を生きのびてきた人間の歴史的責務というものではないかと。

本書は、激動の昭和史のなかで、最大の転換点となった昭和十六(一九四一)年の対米英蘭戦争開戦と、昭和二十(一九四五)年のその悲惨な戦争の終結とに主題をおいて、わたくしなりに『実録』を読み解いたものである。

いうまでもなく、歴史的事実というものは無数にある。その史料の解釈は歴史家によってさまざまであり、みずからがその価値を認めた史実を採用するのが常である。その意味では『実録』のわたくしのこの読み解きがいちばん正しいなどというつもりはない。しかし、過去において何冊もの開戦と終戦のノンフィクションを書いてきたものとして、できる範囲において全力をつくして『実録』に取り組んだことだけははっきりと申しあげたい。

そしていまあらためて思うことは、戦争というものは勢いにまかせて始めるのは容易であるが、これを終わらせるのはほんとうに至難なことである、それは〝真理〟といっていいということである。読者は、『実録』に書かれた〝歴史に向き合う〟昭和天皇の姿から、あらためて歴史の教訓や知恵を学んでほしいと心から思う。

第一話　開戦——四つの「御前会議」

「対英米戦ヲ辞セス」——七月二日の御前会議

〝壮大な〟ともいえるドイツ軍のソ連進攻作戦「バルバロッサ作戦」は、一九四一（昭16）年六月二十二日未明に開始された。総統ヒトラーは、対ソ宣戦布告を夜明けとともにラジオで流した。
「私は、ドイツ国民とドイツ帝国、そしてヨーロッパの運命を、ふたたび国防軍の手中にゆだねる」

その叫びに応ずるかのように、百五十三師団、戦車三千五百八十台、飛行機二千七百四十機の大兵力が攻撃に移った。かつてこれほどの戦闘力が一つの戦場に投入された例はない。

ソ連首相スターリンは、いくつかの情報があり、なんども警告されていたにもかかわらず、ドイツ軍の攻撃はないものとタカをくっていた。ソ連軍はいたるところで撃破された。

「ソ連にたいするわれわれの任務——すなわち軍を粉砕し、国家を解体する、これを遂行する。共産主義者は後にも先にも戦友ではない。これは絶滅戦なのである」

というヒトラーの豪語は、まさに実現されるかのようにみえたのである。

三国同盟締結時の目的である日独伊ソが提携してアングロサクソン陣営に当たるという日本政府の大いなる目論見は、この瞬間に崩壊し、いまやソ連も米英側に加わったことになる。世界は二つの陣営にわかれた。理論的には、約束を破ったドイツと手を切って日独伊三国同盟から脱退、局外中立の名のもとに世界戦争から脱出できるチャンスが日本に訪れたのである。

しかし、日本政府はあえて三国同盟に固執した。一つにはドイツの勝利を信じて、その後にきたるであろう新秩序の世界地図を想像したからである。当時の「バスに乗り遅れるな」の流行語がその証左となる。そのために、日本が採るべき方策は、ただちにソ連に戦火をひらくべきか、黙って見守るべきかの、二者択一ということになった。

はじめて〝対英米戦争〟という文字があらわれた「情勢ノ推移ニ伴フ帝国国策要綱」は、こうした世界情勢の激変を背景に、苦心して作文された。一言でいえば「大東亜共栄圏の建設」「南北併進」「目的達成のためすべての障害を排除する」、そして「帝国ハ本号目的達成ノ為対英米戦ヲ辞セス」と明文化した最初のものであり、日本としては戦争決意を表明した運命的な国策の決定であったのである。対英米戦争の第一歩は明らかにここに踏みだされた。

そしてこの国策は、七月二日の御前会議において、昭和天皇の裁可をえて正式に決定される。ちなみに開戦まで昭和十六年に四回御前会議がひらかれており、これはその第一回目のものとなる。

『実録』には、この「国策要綱」全文が掲載されている。午前十時すぎからはじまった会議では原嘉道《よしみち》枢密院議長から「対英米関係悪化の懸念から南部仏印(現ベトナム)進駐に対する懐疑」や「対ソ戦への積極的意見」が示されたが、結局は原案のままで会議は終了し、「正午、天皇は入御される」。このとき、会議において天皇は発言をいっさいしなかった。そして、午後一時五分、内閣より送付の上奏書類「情勢ノ推移ニ伴フ帝国国策要綱」を御裁可になる。その後、内大臣木戸幸一をお召しになり、御前会議の模様等につき御談話になる。

とのみ『実録』は記している。

つまり、この日の御前会議では、外相松岡洋右《ようすけ》が強く主張する「ただちにソ連を撃つべし」という〝戦争〟論よりも、〝平和〟的な南方進出のほうがましと考えて、やや妥協的な匂いの強い作文が国策として決定されたのである。ただし、この決定にたいしてどんな思いを天皇が抱いたか、についてはまったく『実録』には明らかにされていない。

ただわずかに内相木戸幸一の「手記」（『木戸幸一関係文書』東大出版会）に、「南北併進」の政策にたいして、六月二十二日の時点で、天皇がいかに憂慮していたかを示す発言が記されている。

「松岡外相の対策は北方〔ソ連〕にも南方〔南部仏印〕にも積極的に進出する結果となる次第にて、果して政府、統帥部の意見一致すべきや否や、又、国力に省《かんが》み果して妥当なりや等につき頗《すこぶ》る御憂慮被遊《あそばせら》る」

このころアメリカは日本の外交暗号の解読に成功していた。外務省よりドイツ・イタリアの日本大使館あてに打たれた秘密電報により、七月八日には、アメリカは御前会議決定の日本の国策をくわしく知るところとなっていた。

七月二十三日、日本軍の進駐決定。ただちに二十六日にはアメリカは在米日本資産を凍結する。

二十八日、日本軍はサイゴンへ無血進駐した。待っていたとばかりアメリカは、八月一日に石油の対日輸出を全面的に禁止すると発表する。日本の政策にたいしてアメリカは強硬な戦争政策で対応してきた。

日本軍部の目論見は、七月中に進駐すれば十一月には基地が完成する、十二月以降の戦争の危機にも十分に対応できるということにあった。十月から仏印は雨期に入る。その前に航空基地を完成しておかなければならない。これが進駐を急いだ大きな理由である。それがまさか石油の輸入全面禁止というしっぺ返しに会うとは、だれも予想すらしていなかった。

しかし、昭和天皇にはある種の予感があったのかもしれない。その直前の七月三十日、仏印進駐と対米作戦に関することの上奏のため参内した軍令部総長永野修身《おさみ》大将と、御学問所でこんなきびしい会話をかわしている。

博恭王が軍令部総長在職時代に対英米戦争を回避するよう発言していたとして、現総長永野の意向に変化あるや否やにつき御下問になる。永野より、前総長と同様、できる限り戦争を回避したきも、三国同盟がある以上日米国交調整は不可能であること、その結果として石油の供給源を喪失することになれば、石油の現貯蔵量は二年分のみにしてジリ貧に陥るため、むしろこの際打って出るほかない旨の奉答を受けられる。天皇は、日米戦争の場合の結果如何につき御下問になり、提出された書面に記載の勝利の説明を信じるも、日本海海戦の如き大勝利は困難なるべき旨を述べられる。軍令部総長より、大勝利は勿論、勝ち得るや否やも覚束なき旨の奉答をお聞きになる。暫時の後、侍従武官長蓮沼蕃をお召しになり、前軍令部総長の博恭王に比べ、現軍令部総長は好戦的にて困る、海軍の作戦は捨て鉢的である旨を漏らされ、また勝利は覚束ないとの軍令部総長の発言につき、成算なき開戦に疑問を呈される。

『実録』に記されているこの永野総長の返答には驚くほかはない。ジリ貧になるから、このさいこちらから先制攻撃に打って出たほうがいい、しかし勝つかどうかは覚束ない、といっているのである。

さらに同じ三十日、参謀総長杉山元《はじめ》大将にもきびしい質問をしている。


天皇は、南部仏印進駐の結果、経済的圧迫を受けるに至りしことを御指摘になる。参謀総長より予期していたところにして当然と思う旨の奉答を受けられたため、予期しながら事前に奉上なきことを叱責される。


南部仏印進駐が想定外ともいえる結果をうんだこと、それは「予期していたこと」とぬけぬけと答える参謀総長に、天皇はかなりショックをうけたのであろう。「なぜ、それをいわなかったのか」ときびしく「叱責」の言葉をぶつけている。

このように輔翼《ほよく》の責任者の無能ぶりに、天皇はひどく怒りを感じたのであろう。八月五日に東《ひがし》久邇宮稔彦王《くにのみやなるひこおう》に会って隠さずに不満をのべている。『実録』には「統帥権の独立を楯にした統帥部の手法等への不賛成、不満の意を述べられる」とだけ記されているが、このときの天皇の言葉が『東久邇日記』(徳間書店)にはくわしく残されている。

「軍部は統帥権の独立ということをいって、勝手なことをいって困る。ことに南部仏印進駐にあたって、自分は各国に及ぼす影響が大きいと思って反対であったから、杉山参謀総長に、国際関係は悪化しないかと聞いたところ、杉山は、なんら各国に影響するところはない、作戦上必要だから進駐致しますというので、仕方なく許可したが、進駐後、英米は資産凍結令を下し、国際関係は杉山の話と反対に、非常に日本に不利になった。陸軍は作戦、作戦とばかりいって、どうもほんとうのことを自分にいわないで困る」

『実録』には、天皇のこの軍の統帥部不信と情勢悪化への憂慮の言葉が記されてはいない。しかし、昭和天皇の蓮沼武官長と東久邇宮に洩らした述懐をならべてみると、南部仏印進駐にともなう対米英関係の悪化を心から憂慮していたことがはっきりとわかる。ある意味ではアメリカが戦争政策で応じてくるのを予感していたといえるかもしれない。

しかし、すべてはあとの祭りとなった。営々として貯蔵してきた日本海軍の使用できる石油量は、連合艦隊が、一年半くらい活躍できる量しかない。いまやそのエネルギーの根源をとめられたのである。座して対米屈服か、一か八かの戦争かの、二者択一を迫られた日本は、自存自衛のために三、四カ月以内に石油を求め、南進せざるを得なくなった。

こうして七月二日の御前会議決定は、その後つづいてひらかれた計四回の御前会議の序曲をなすものとなった。間もなく、北方(ソ連)への武力行使は完全に断念され、石油資源を求めての南進が日本の進路となった。そのためにも「対英米戦を辞せず」が最高決定なのである。

けれども、天皇の真意は、なお平和のほうに傾いている。近衛《このえ》文麿《ふみまろ》首相がルーズベルト米大統領との頂上会議によって問題の一挙解決をはかるとの決意を固めたと知って、天皇は、八月七日、とくに近衛に言葉をかけた。『実録』はそのときのことを明記している。

午後三時三十分より四時五分まで、御学問所において内閣総理大臣近衛文麿に謁を賜う。首相に対し、米国の対日全面的石油禁輸に関する海軍側の情報等に鑑み、首相が速やかに米国大統領と会見するよう望む旨を仰せになる。

このときが、ある意味では歴史の分岐点であったといえるかもしれない。天皇は近衛に全面的な信頼をおいたのである。近衛は自分の意を帯して頂上会議を実現し、難問を解決してくれるものと、天皇は思っていたにちがいない。されど近衛首相は成り行きまかせとはいいたくないが、少なくとも積極的に動こうとはしなかった。

八月十五日、連合艦隊司令長官山本五十六《いそろく》大将は、麾下《きか》の全艦隊に電報命令を発する。
「連合艦隊は……速やかに戦備を完了し時局の急変に備えんとす」

御前会議について

戦前・戦中の日本は、天皇臨席のもとの御前会議によって重要な国策はすべて決定された。ただし法理論的には、御前会議の決定がそのまま国法上有効になるものではない、改めてその決定内容について、正式の手続き、たとえば閣議にはかって一致をみる必要がある、というのであるが、現実には法理を超えたところに御前会議の決定があった。「天皇が承認されている」「天皇の命によって」という言葉が絶大な力をもっていたからである。

その御前会議は、昭和開幕から太平洋戦争開戦まで八回ひらかれている。第一回は南京占領のあとの昭和十三(一九三八)年一月十一日、第二回は漢口《かんこう》攻略後の同じ年の十一月三十日。どちらも日中戦争の基本方針をきめたもので、とくに一月の決定は、政府の「国民政府を対手《あいて》にせず」声明をきめたもので、まことに重要な会議となった。

第三回は日独伊三国同盟の締結をきめたもので昭和十五年九月十九日、ついで十一月十三日の第四回会議で「支那事変処理要綱」がきめられて、解決の方途を失ったドロ沼の日中戦争はやむなく持久戦方略でいく、という苦しい決定をみることになる。

いまから思えば、どれもこれも対米英戦争への道の一里程となった会議であった、というほかはない。しかし、直接的に一瀉千里に対米英戦争へと突き進むことになったのは、この七月二日の第五回の会議を嚆矢《こうし》とする第八回までの計四回の御前会議であった。

そのそれぞれの会議への出席者については『実録』はそのつど丁寧に記しているが、ここでは省略する(参考として一覧表を付録につける)。いずれにしても大日本帝国は苦悩しつつ対米英開戦へと、一歩一歩、歩みを早めていった。そのことを『実録』は正確に書き記している。

しかし、いつの場合でも、御前会議の前に、大本営陸海軍部と政府との間をつなぐ連絡会議がもたれ、実質的な討論はそこで活潑におこなわれている。意見一致をみてから、成案をととのえ、天皇に報告し、すべてのお膳立てができてから御前会議がひらかれるのである。そして御前会議での天皇は、立憲君主制を守って、大本営政府連絡会議(のち最高戦争指導会議となる)が意見一致してきめてきたことを拒否しない、というのが原則になっていた。つまり、それが憲法にいう法的な責任をとらないということであり、いいかえれば責任をとれないようにすることで、そのためにいっさい発言をすることはなかったのである。

東京裁判で、元内大臣の被告木戸幸一は答えている。「ひとたび政府が決して参ったものは、これを御拒否にならないというのが、明治いらいの日本の天皇の御態度である。これが日本憲法の運用上から成立してきたところの、いわば慣習法である」

天皇も、戦後になって侍従長藤田尚徳《ひさのり》に語っている。

「申すまでもないが、我国には厳として憲法があって、天皇はこの憲法の条規によって行動しなければならない。またこの憲法によって、国務上にちゃんと権限が委ねられ、責任をおわされた国務大臣がある。

この憲法上明記してある国務各大臣の責任の範囲内には、天皇はその意思によって勝手に容喙《ようかい》し干渉し、これを掣肘《せいちゅう》することは許されない。

だから内治にしろ外交にしろ、憲法上の責任者が慎重に審議をつくして、ある方策をたて、これを規定に遵《したが》って提出し裁可を請われた場合には、私はそれが意に満ちても、意に満たなくても、よろしいと裁可する以外に執るべき道はない。

もしそうせずに、私がその時の心持次第で、ある時は裁可し、ある時は却下したとすれば、その後責任者はいかにベストを尽しても、天皇の心持によって何となるか分らないことになり、責任者として国政につき責任をとることが出来なくなる。

これは明白に天皇が、憲法を破壊するものである。専制政治国ならばいざ知らず、立憲国の君主として、私にはそんなことは出来ない」(藤田尚徳『侍従長の回想』講談社)

天皇がいかに憲法を守ろうとしていたかがよくわかる。

開戦までの国政においてはそのとおりであった。それが〝しきたり〟であった。

そうしたしきたりがなぜつくられたのか。それには元老西園寺《さいおんじ》公望《きんもち》の考え方と言動によるところが大きかったと考えている。昭和時代のただひとりの元老として、天皇の大権を守りぬいてきた西園寺は、そもそもが御前会議そのものに反対なのである。やむなく御前会議をひらかねばならないとしても、天皇みずからが判断し裁断を下すことに頑として首をたてにふらなかった。天皇が裁断したとして、実際にそれが守られないようなことが生じたならば、君権にキズがつき、天皇の権威がないがしろにされることになる。これは皇祖《こうそ》皇宗《こうそう》に申しわけのたたぬというものであり、それに加えて立憲君主制にもとる、とかれは考えたのである。

元老の権力は絶大であり、それに楯つくものはいなかった。たとえ御前会議をひらかねばならないような場合があっても、そのときは天皇は一言も発言せず、ただ聴取するだけとすべきである、と西園寺はきつく主張し、宮廷政治のなかに確固不抜のしきたりを形成させたのである。

ではあるけれど、そうした〝形式〟とは別に〝内実〟をつきつめてみると、会議の前に首相や閣僚、参謀総長や軍令部総長たちの報告奏上をうけ、天皇はしばしば質問をしている。また木戸内大臣、侍従長、侍従武官長たちから細部にわたる情報を聞いている。その上で、御前会議にのぞむのである。それゆえに会議は儀式的・形式的に進行しているのであるが、その決定に至るまでの間に天皇はまったくの外側におかれていたわけではない。万事を承知して無言のまま承認する。しかし、法的にはいっさいの責任を負うことはないのである。

では、責任はすべて政府にあるのか。これがすこぶる曖昧模糊としている。憲法にはただ一条「国務各大臣ハ天皇ヲ輔弼《ほひつ》シ其ノ責ニ任ス」とあるだけで、国務大臣がそれぞれその掌にあることにたいしてだけ、たとえば外務大臣は外交、大蔵大臣は財政・予算などだけの責任をもつ。では総理大臣が国政・外交の全責任を負わなければならないのか、となると、では国務大臣それぞれの輔弼とは何かということになり、かならずしも総理大臣に全責任があるというわけではない。

しかもその上に陸海の軍部というものがある。とくにその統帥部（参謀本部と軍令部）は統帥権独立の錦の御旗を押したてて、政府筋の介入をいっさい許さない内閣の外にある存在なのである。彼らは天皇（大元帥）に直接に結びつき、陸海それぞれ別々にこれを輔翼するのである。すなわち、政府・陸軍・海軍の三つのものが、それぞれに責任をもち、それぞれにたいしては責任をもたないのである。

つまり、最終の国家としての統一された責任はだれももってはいなかった。いや、もつことができなかった。

それで、ここに近衛文麿の戦後になっての嘆きの一文があるのである。

「日本の憲法というものは、天皇親政の建前であって、英国の憲法とは根本に於て相違があるのである。殊に統帥の問題は、政府には全然発言権なく政府と統帥部との両方を押え得るものは陛下御一人である。然るに陛下が消極的であらせられる事は平時には結構であるが和戦何れかといふが如き国家生死の関頭に立った場合には障害が起こり得る場合なしとしない。英国流に陛下が激励とか注意を与えられるとかいうだけでは、軍事と政事外交とが協力一致して進み得ないことを今度の日米交渉に於て特に痛感した」

たしかに、統帥部(軍)が統帥権の独立をふりかざして、内閣にたいして対等であり介入することを許さないというのでは、内閣が国務大権(内政・外交)を十分に輔弼できないのもやむをえない。なれど天皇が裁断することは憲法上許されない。そういう〝この国のかたち〟であればこそいっそう、緊急重大な問題のときに、その解決の途を見出し国務と統帥の意見を調整・統一するために、御前会議が必要とされたのである。であれば、場合によっては、天皇の意思によって断を下さねばならない重大時が生じてくるのは、必然のことであったかもしれない。すなわち、聖断である。

しかし、昭和天皇は、開戦をめぐる四つの御前会議において、そのしきたりどおりに、終始〝無言〟であった。あくまでも憲法に忠実であろうとしたのである。

よもの海――九月六日の御前会議

昭和十六(一九四一)年の暑い夏は、空しく過ぎていった。日米交渉は何らの進展もみせない。その間に近衛首相のしたことは、対ソ攻撃の強硬論者であった松岡外相を、内閣総辞職することで追いだし、第三次近衛内閣を組織(七月十八日)したことだけである。しかし、天皇はなお信頼を近衛に寄せ、ルーズベルト大統領との頂上会議に期待をもちつづけている。内閣もその期待に添わんと努力を傾注している。八月二十七日の『実録』にある。

去る十七日、米国大統領は駐米大使に対し、日本の南部仏印への武力進出に警告を発し、日米首脳会談に前向きな姿勢を示す。これを受けて昨二十六日の大本営政府連絡会議は、日米首脳会談の実現を強く求めた首相の回答近衛メッセージ、及び大統領の警告に対する我が方の回答を決定する。我が方の回答には、今回の南部仏印進駐が我が国の自衛上已むを得ない措置にして、支那事変の解決又は公正な極東平和の確立後に同地より撤兵する用意があること、さらに日ソ中立条約の遵守、及び隣接諸国への武力行使の意向なきことが表明され、太平洋地域における平和維持のため両国首脳の直接会談に米国の賛同を願う旨が記される。対米回答は昨二十六日夜、駐米大使に発電される。

この内閣の努力に木戸内大臣も大いに期待した。それでわざわざ近衛と会い、臥薪嘗胆を諄《じゅん》々《じゅん》と説いたりした。近衛はこれを大へんな興味を示して耳を傾けていた。

しかし、歴史というものは素直に素早く、そしてまっすぐには進んではくれない。アメリカ政府の回答は煮えきらず遅々たるもので、時間だけがどんどん過ぎていく。

九月五日午後四時半ごろ、大本営政府連絡会議で意見一致した御前会議の議案「帝国国策遂行要領」をもって、近衛首相がいわば不意討ちといっていいくらい突然に参内してきたのである。その内容たるや、天皇はもちろん木戸内大臣をすら驚かせるに十分のものがあった。「要領」を簡単に記すと、

一、米英に対し戦争を準備する。

二、これと併行して日米交渉を進める。
三、十月上旬になっても日米交渉成立の〈目途なき場合は〉米英に対し戦争を辞せざる決意をする。

というものである。木戸のいう臥薪嘗胆はおろか、国策の第一が戦争準備となっている。しかも御前会議は明日にひらきたいというのである。木戸は驚いて、近衛を難詰する。「突然に、こんな重大案件をもってこられては、陛下にお考えになる暇もなく、お困りになる外はないではないか」

内大臣という職制上、直接に国の政策決定に木戸が加わることはできない。憲法にいう輔弼の責任はもたされてはいない。それだけに木戸は近衛に怒りをそのままにぶつけるほかはなかった。

『実録』九月五日の項に、午後四時二十分より五時十五分まで、天皇は近衛の奏上をうけたことが記され、「要領」が詳細に記され、別紙に日米交渉で日本が達成すべき「最小限度の要求事項」が付されている。その第一に、日中戦争に米英が余計な援助を中国にするな、と書かれている。そしてその上で天皇はいっている。

突然、御前会議開催の奏請を受けられた天皇は、本要領は第一項に対米戦争の決意、第二項に外交手段を尽くすとあるため、戦争が主、外交が従であるが如き感ありとして、その順序を改めるようお求めになる。首相より項目の順序は必ずしも軽重を示すものではない旨の奏答を受けられるも、御納得なく、作戦上の疑問等も数々あるとして、明日の御前会議において参謀総長・軍令部総長に下問することを御希望になる。首相は、他の国務大臣が同席する御前会議においては両統帥部長が十分に奏答し得ないため、これより直ちに両名を召されるよう願い出るとともに、なお自身も内大臣とも相談すべき旨を言上する。五時二十分、天皇は御学問所に内大臣木戸幸一を召され、首相の申し出につき御下問になり、首相の奏上どおり両総長を召されたき旨の奉答を受けられる。

　これでわかるように、天皇は近衛の説明に納得できず、陸海の両統帥総長をよびだして直接にその説明を聞きたいと希望している。戦争準備が決定された国策の第一となっていることの意味そしてその内容は、いったいどういうことなのか。近衛の説明ではまったくわからなかったのである。

　このとき、実は、軍の戦争への歯車はフル回転していた。軍の力学というものは動きだすと、それはすさまじく働きだす。もう止めることができないほどの勢いとなるのである。

　たとえば、海軍は、その現状をこう考えていた。現有艦船の対米比率はいま七割以上に達し、昭和十六年暮の時点が頂点なのである。十七年はこれにどうにかついていけるが、十八年以降になるとその建造力からいって日米の差はひろがり、日本海軍の力は対米六割以下となる。戦える力をもっている間に交渉をすすめ、妥結するなら妥結をはかるがよし、しかし話し合いでは解決できぬというなら、一戦を決すべし、なのである。それは、対米七割以上を有する、いまをおいてほかにない。戦えなくなってから戦えといわれてもそれは不可能。その重大なときに、のんべんだらりと交渉をつづけているのでは、決定的な瞬間をとり逃す。アメリカの思うつぼにはまる。ゆえに期限つきで交渉をやらねばならない。それで話し合いがつけばよし、だめなら自衛のため戦うべきである。対米交渉と併行して戦争の準備をどしどし進めておかねばならない……。

大本営政府連絡会議での重大決定のウラには、陸海軍のこの力学が働いていたことは否めない。が、対米英戦争の主役となるべき海軍には、開戦の全責任をとるだけの確信も蛮勇もないから、連絡会議では、字句の修正で何とか責任の一端をとることにしようとあくせくした。陸軍案の「戦争を決意し」というのは直接的にすぎる、と難癖をつける。「戦争を決意の下に」にしたらどうであろうか、ちょっと間接的になる。いや、それでもまだ……と海軍。ならば「戦争を辞せざる決意の下に」では、どうか？　ここで陸海が意見一致した。日米頂上会議に夢をつないでいる近衛も、これを了承した。そして、九月三日のたった一日の会議でこの重大な「帝国国策遂行要領」がきまったのである。

そんな経緯を知らぬ天皇が憂慮の念を深くしたのは当然である。それで午後六時五分、ふたたび近衛とともに、急拠よびつけた杉山参謀総長と永野軍令部総長に天皇は会った。『実録』はそのときの様子をくわしく記している。長くなるけれど、すべてを引くこととする。

劈頭、天皇は帝国国策遂行要領は外交を主とし、戦争準備を副とすべきにつき、要領の第一項と第二項の入れ替えを要する旨の御意向を示される。参謀総長より戦備完成後に外交交渉を行う所以を言上につき、天皇は、南方作戦の成算と予測される事態への対処方につき種々御下問になる。参謀総長より陸海軍において研究の結果、南方作戦は約五箇月にて終了の見込みである旨を奉答するも、天皇は納得されず、従来杉山の発言はしばしば反対の結果を招来したとされ、支那事変当初、陸相として速戦即決と述べたにもかかわらず、未だに事変は継続している点を御指摘になる。参謀総長より、支那の奥地が広大であること等につき釈明するや、天皇は支那の奥地広しというも、太平洋はさらに広し、作戦終了の見込みを約五箇月とする根拠如何と論難され、強き御言葉を以て参謀総長を御叱責になる。参謀総長が恐懼するなか、軍令部総長は発言を願い出で、現在の国情は日々国力を消耗し、憂慮すべき状態に進みつつあり、現状を放置すれば自滅の道を辿るに等しきため、ここに乾坤一擲の方策を講じ、死中に活を求める手段に出なければならず、本要領はその趣旨により立案され、成功の算多きことを言上する。天皇は、無謀なる師を起すことあれば、皇祖皇宗に対して誠に相済まない旨を述べられ、強い御口調にて勝算の見込みをお尋ねになる。軍令部総長は、勝算はあること、短期の平和後に国難が再来しては国民は失望落胆するため、長期の平和を求めなければならない旨を奉答する。天皇は了解した旨を仰せられる。両総長は、決して戦争を好むにあらず、回避できない場合に対処するのみであることを言上する。首相より、最後まで外交交渉に尽力し、已むを得ない時に戦争となることについては両総長と同じ気持ちである旨の言上あり。ここに天皇は、首相と両総長の言上を承認する旨を述べられる。六時五十分、首相・両総長は御前を退下する。同五十五分、天皇は第六回御前会議開催に関する内閣上奏書類を御裁可になる。

ここに書かれている天皇と両総長との質疑応答は、あまりにも有名なくだりである。重要なことなので、余計なくり返しとなるかもしれないが、ほかの史料も参考にしながら、わかりやすく書き改めてみる。

天皇　日米に事起こらば、陸軍としては南方作戦をどのくらいの期間にて終えるつもりか。
杉山　南方方面だけは五カ月で片付けるつもりであります。
天皇　杉山は支那事変勃発時の陸相である。あのとき陸相は速戦即決といったではないか。しかし四年たったいまでも事変はつづいているではないか。

杉山　支那は奥地がひらけて広大でありますゆえに、予定どおり作戦が進みませんでした。
天皇　支那の奥地が広大というなら、太平洋はもっと広いではないか。いかなる確信があって五カ月というのか。

杉山は、すっかり弱ってしまい、ただ頭をたれたきりで答えることもできなかった。みかねた永野がそばから助け舟をだした。

「今日のわが国の国情をみますと、消耗の一途をたどり真に憂慮すべき状態になっております。このまま放置すれば自滅の道をたどるのみなので、統帥部としては、乾坤一擲、死中に活を求めるの手段にでるよりほかはないと考えておる次第なのであります。決して戦争を好むものではありません。あくまで外交交渉の成立を希望しますが、不成立の場合は、思いきって起つ、そうすれば国難打開に成功するかもしれないと存じておるのであります」

そこで天皇は強い口調で訊ねた。

「戦争になった場合、勝算はあるのか」

永野はケロリとして答えた。

「もちろん、ございます」

実はその永野自身が、すでにふれたように七月三十日、開戦となった場合「日本海海戦のような大勝利は困難である」と明言していたことを、当の永野はもちろん天皇も忘れてしまっていたのであろうか。

それはともかく、二人の統帥部の長のあやふやな説明のあとに、近衛がいった「最後まで外交交渉に重点をおいて尽力することが第一で、やむを得ない場合にのみ起ちますのは、両総長と同じ気持であります」という近衛の言葉に、天皇はあっさりと納得してはならなかったのである。なぜなら、この段階にまできての、外交による日米間の妥結など、およそ永野も杉山も信じてはいなかったからである。もちろん、戦争はソロバンをはじいてだけやるものではない。が、勝算のとぼしい戦争に眼をつぶって飛びこもうというのである。六兆五百五十億円の戦費を投じ、十九万人が戦死、九十五万人が傷つき、しかもなお七十五万人が戦場である中国大陸にあった昭和十六年に、さらに大戦争に突入することの正否や無謀さは、勝算よりもさきに論ずべきではなかったか。

しかし、引き返すべきときはとうに去っていた、というほかはない。歩みはじめた道を振り出しに戻す、ただ一度ともいえるチャンスは、はるかに遠のいていた。君臨非統治の西園寺方式をこのときに破る、天皇の一言が必要であった。陸軍中央部が、不意の両総長の宮中召集に愕然として、色を失っていたときであるからである。その日の『機密戦争日誌』(錦正社)は書き残している。

「……南方戦争に関し種々御下問あり(御下問綴に依る)。一時は部内空気緊張す。御下問約二時間の後総長退下、陸相と会見す。御嘉納ありたるが如し」

陸軍中央部がホッと胸を撫でおろした様がみえるようである。

翌九月六日午前十時、御前会議は宮城内東一ノ間でひらかれ、すじ書どおりに「戦争を辞せざる決意の下に」外交交渉をおこない、「十月上旬頃に至るも尚我要求を貫徹し得る目途なき場合に於ては直に対米（英蘭）開戦を決意す」という国策を決定した。十月上旬までは、九月六日から一カ月しかない。

この決定は、日本軍部が日本政府に与えた引導といってもいい。しかも錦の御旗のサイン入りである。四月いらい五カ月もかかってまとまらなかった日米交渉が、あと一カ月でまとまるということに、確信をもてたものがはたしていたのであろうか。十中の八、九は戦争突入であるとし、陸軍も海軍も、天下晴れて戦争準備に精をだした。銃剣の音を高鳴らせても文句をいうものがいない。天皇が念をおした外交第一主義による和平は、所詮気休めにすぎなかったのではないか。

天皇はこの朝、木戸をよんで「今日の御前会議でいろいろ質問したいと思うがどうか」と下問したらしい。『実録』には、木戸の返答がこう書かれている。

御疑問の重要な点は枢密院議長より質問すべき予定につき、陛下としては最後に今回の決定は国運を賭しての戦争ともなるべき重大なものであるため、統帥部においても外交工作の成功をもたらすべく全幅の協力をなすべき旨を御警告になることが最も適切と思考すると奉答する。

要は、代わりに枢密院議長の原嘉道がいちいち質問するから、陛下は〝統帥部は外交工作の成功に全幅の協力せよ〟との意味の警告にとどめるように、と木戸がいったのである。天皇はこれにうなずいている。

御前会議は、はじまるとすぐに永野総長が立って、先制攻撃と作戦地域の気象の関係から、開戦決意の時機を決定したといい、「大阪冬の陣のような平和をえて、翌年夏には手も出ない状態になってから戦争せよ、ということにならないよう、国家百年の計のために決心すべきである」と主戦論をぶった。つづいて杉山総長も永野に負けじと主戦論。日米交渉は米英の術策だといわんばかりに、果敢な戦争決意をうたった。

と、これまでに出ている諸書には、そんな風に記されているが、『実録』にはいっさい主戦論的な言辞は記されてはいない。そしてそのあとのことは、『木戸幸一日記』（以下『木戸日記』とする）にはこうある。

「……原議長の〔この「要領」は〕外交工作を主とするの趣旨なりや云々の質問に対し、海軍大臣より答弁し統帥部は発言せざりしに対し、最後に〔天皇より〕御発言あり、統帥部の答弁せざるを遺憾とすと仰せあり、明治天皇の御製「四方の海」の御歌を御引用に相成り、外交工作に全幅の協力をなすべき旨仰せられたる旨奉る」

と、まことに簡単な記載であるが、『実録』はさすがにそこが肝腎なところとみてか、くわしく枢密院議長の質問と、それにたいする政府側の答弁の内容を記している。とくに、木戸が日記に残した原議長の質問のところが丁寧である。

枢密院議長より、首相が米国大統領と会見して意見を一致せしめんとする決意、その国家に対する忠誠心と熱意に感謝し、国民は日米関係が最悪の事態に至らないよう願っていることを述べた上、本案文を一瞥通覧すると、戦争が主で外交が従であるかの如く見えるが、今日はどこまでも外交的打開に勉め、外交に努力して万已むを得ない時に戦争をするものと解釈すると発言する。これに対し、海相より、案文中の第一項の戦争準備と第二項の外交の間に軽重はなく、枢密院議長の認識と同じく、できる限り外交交渉を行うこと、また首相の訪米決意もこの観点に基づくと考える旨を答弁する。

そして、このあともつづいた多分長くかかったであろうやりとりの間に、主戦論をぶった統帥部の両総長の発言はまったくみることはできない。まさか外交のことは政府の仕事で、われら統帥部にはまったくかかわりのないこと、もはや戦争のほかに国家のとる道はないと、知らぬ顔の半兵衛をきめこんだわけでもあるまい。なぜなら政治(外交)の延長線上の、その果てに軍事があることは、杉山も永野も十分に認識しているはずであるからである。

天皇はそのことに大いなる危険を感じたのかもしれない。『実録』にある。

会議のまさに終了せんとする時、天皇より御発言あり。天皇は、事重大につき、両統帥部長に質問すると述べられ、先刻枢密院議長が懇々と述べたことに対して両統帥部長は一言も答弁なかりしが如何、極めて重大な事項にもかかわらず、統帥部長より意思の表示がないことを遺憾に思うと仰せられる。さらに天皇は、毎日拝誦されている明治天皇の御製「よもの海みなはらからと思ふ世になど波風のたちさわくらむ」が記された紙片を懐中より取り出し、これを読み上げられ、両統帥部長の意向を質される。満座は暫時沈黙の後、軍令部総長は、自分は枢密院議長の発言の趣旨と同じ考えであり、説明の冒頭にも二度この旨を述べていること、海相の答弁に対して枢密院議長が諒解する旨を述べたため、改めて申し上げざりしことを奉答する。参謀総長よりも軍令部総長の発言と全然同じである旨の奉答あり。これにて会議は閉会し、十一時五十五分、天皇は入御される。

ここにある「よもの海みなはらからと……」の御製をもって、戦後刊行された多くの史書は、天皇の平和愛好の精神を示されたものとしている。たしかにそれに違いないし、事実、軍にたいする最大の警告でもあった。しかし、天皇は憲法にのっとり、やはりそれ以上は「無言」を守ったのである。

そうではあるが、ここに奇妙ともいえる一つの証言がある。当時軍令部作戦部長であった福留繁少将の『海軍生活四十年』(時事通信社)にあるもので、会議一決の後に、永野総長がこういったというのである。

「統帥部の判断では戦うもまた亡国免れ難いかも知れませぬ。戦うも戦わざるも亡国ということでありますならば、戦って九死に一生の活路を求めるほかないと存じます。戦わずして招く亡国は心の底まで亡びる永久の亡国になります。護国のために最後の一兵まで戦い抜いた亡国は、必ずや我らの児孫が受け継いで再起三起するでありましょう。われら将兵は陛下の御命令一下最後の一兵まで戦う覚悟であります」

書くまでもなく、『実録』にはこの永野の〝最後の一兵まで〟戦わんの壮語はない。参考文献としてほかのところよりはるかに数多いさまざまな史料があげられているが、福留のこの戦後の著書は影すらもない。それに福留はこの会議に列してはいないから、会議退出後の永野から聞いた話なのであろう。信憑性がどこまであるか、それはわからない。

いずれにせよ、天皇が明治天皇の御製を読み上げようがそれと関係なく、戦争はもう身近にせまっていたのである。

何とか見込みあり——十一月五日の御前会議

結果論でいえば、九月六日の御前会議の決定は、戦争か平和かの問題をこの後に真剣に討議する場合のガンとなった。

それだけに、九月六日からつぎの御前会議の十一月五日までの正味二カ月は、日本にとって、苦悩と難局打開のための苦闘のときとなった。そして、おもむろにではあるが、平和より戦争へと、日本の姿勢が傾斜し加重されつつあったことが、さまざまな記録や史料にはっきりと残されている。その背景に、ナチス・ドイツの破竹のソ連進攻がある。九月八日、ソ連第二の都市レニングラードが完全に包囲された。十月二日、ドイツ軍のモスクワ総攻撃がはじまり、上旬にはその陥落はもうだれの目にも明らかになっていた。

日本の戦争への傾斜は、このドイツ軍の進撃をうけての軍統帥部の天皇への積極的な働きかけによる、天皇のあきらめというような形であらわれてきた。そんな感じがある。『木戸日記』を通してみただけでも、それが感得できる。たとえば九月二十九日、天皇は木戸にこんなことを聞いている。

「米国のゴム保有量並びに中南米に於ける生産高、及び錫《すず》の保有量並びに米国が獲得し得る産地。右調査方御下命あり、依って秘書官長より企画院総裁に連絡す」

資源万能といわれているアメリカも、ゴムと錫だけは、ほかの国に依存していた。このゴムと錫とが不十分であるため、アメリカはいま戦争をやる気がないとする意見が、政府や軍部の内部にあった。少し後のことになるが、来栖《くるす》三郎大使を急ぎアメリカへ派遣するとき、時の首相東条英機大将は、大使に、一、作戦準備未完成、二、世論の反対、とともに三、ゴム・錫の不十分の三条件をあげて、アメリカは戦争を望むまいと楽観論をのべたくらいである。こうした情報は、天皇にも達していたと思われる。

ただし、『実録』には二十九日の木戸への下命のことは記されていない。

天皇の身のまわりには、見るもの聞くもの、ことごとに戦争を現実のものと考えなければならない空気がいっぱいであった。二十四日には、吹上御苑内に建設中の大本営会議用の地下室について工事経過の報告がとどいている。そして十月に入って九日には、伏見宮が訪ねてきて、およそ天皇が思ってもいなかった情報を(それが本当かどうかわからないが)伝えるのである。

午後一時四十分より三時まで、奥内謁見所において博恭王と御対面になる。王はその際、米国とは一戦を避け難く、戦うとすれば早いほど有利であるとして、御前会議の開催を求めるとともに、人民はみな対米開戦を希望していること、開戦しなければ陸軍に反乱が起こるべきこと等、強硬に主戦論を言上する。これに対して天皇は、結局一戦は避け難いかもしれざるも、今はその時機ではなく、なお外交交渉により尽くすべき手段がある旨を述べられ、御前会議の開催に反対される。天皇の御意見を受け、王はその主張を取り消す旨を言上する。

おそらく日本国民がみな「対米開戦を希望している」などという話は、天皇が考えてもみなかったことではあるまいか。たしかに、新聞の紙面などにはＡＢＣＤ包囲陣の文字が躍り、「一日、警視庁、乗用車のガソリン使用を全面禁止する」「四日、外国郵便物の開封検閲など臨時郵便取締令公布」など、国民の生活はもうかなり息苦しくなっていたのではあるが……。

書き忘れていたが、九月二十九日の『実録』にいざというときの皇太子避難場所が決定されたことが書かれていた。

> 午後、宮内大臣松平恒雄に謁を賜う。宮相より、皇太子の避難場所につき、春季より秋季にかけては日光田母沢御用邸とし、冬季は宮内省下総三里塚牧場とする旨の上奏を受けられ、これを御聴許になる。ただし、春季はなるべく早く三里塚より日光に移ることが望ましき旨を述べられる。ここに、皇太子の避難場所が確定し、日光田母沢と三里塚にそれぞれ二百五十キロ爆弾に堪え得る防空壕の建設が決定する。

天皇のすぐそばに、すでに戦争への覚悟を強要するような事実が起こっていたのである。

さらに十月十三日の『木戸日記』。この日、十時四十分より十一時四十五分まで、天皇は木戸と会い、こんな重大なことを語っている。と、『木戸日記』を引くつもりであったが、『実録』にそっくり同じ内容が記されていた。

日米交渉は漸次成立の希望が薄くなりつつある如く思われるため、万一開戦となる場合には、宣戦の詔書を渙発すべき旨を述べられる。その上で天皇は、国際聯盟脱退に際する詔書や日独伊三国同盟に際する詔書において述べた世界平和の考えが国民に等閑視されていることを遺憾とされ、今回宣戦の詔書を発する場合には、近衛と木戸も参加の上、十分に自分の気持ちを取り入れてもらいたき旨の御希望を述べられる。また、対米英戦を決意の場合、ドイツの単独講和を封じ、日米戦に協力せしめるよう外交交渉の必要があること、さらに戦争終結の手段を最初から十分に考究し置く必要があり、そのためにはローマ法王庁との使臣の交換など、親善関係を樹立する必要がある旨を述べられる。

注目すべきは、天皇が戦争終結の手段をすでに考えているということである。

こうした木戸との懇談のあった直後に、近衛内閣が倒れた（十月十六日）。倒れたというより、さきの九月六日の御前会議できめられた「十月上旬頃に至るも尚我要求を貫徹し得る目途なき場合」の、ギリギリの日が訪れて、近衛はにっちもさっちもいかなくなり自分の職責を投げだしたのである。陸軍が御前会議の決定をタテに開戦決意をせまったとき、肝腎の海軍は和戦の決は首相に一任すると申し入れた。この瞬間、戦争の主役となるべき海軍の曖昧な態度をテコにして、はっきりと自分の信念に立って「和」を主張すべきであったのにそれをせず、宰相近衛は無責任にも逃げだしたのである。陸海軍の意見不一致をいいがかりにして。

後に出現したのが東条英機内閣である。断々乎として開戦を近衛にせまった陸相を、どうしてことあらためて首相にすえたのか。いまでは明らかになっているが、東条を強力に推したのは木戸である。議に列した重臣の多くは反対であった。しかし「天皇の御言葉があれば、東条は従うから」と木戸は強調し、押しきった。であるから、開戦となったとき、「木戸にだまされた」というホゾを噛む思いを重臣たちは抱いた。

この前後の経緯はまことに興味深いので、ちょっと『実録』を離れて書くことにする。十月十六日、まさに近衛内閣総辞職の日の『機密戦争日誌』である。陸軍からみた海軍の無責任さが、このざまを見よとばかりに記されている。

「富田書記官長、軍令部総長に「戦争は出来ぬと言って呉れ」と述べたるが如し。軍令部総長「そんな事が云えるか」と。然らば、何故戦争出来ると海軍は正式意志表示し、開戦を決意せざるや。〔中略〕国賊的存在は海相その人にあり、及川その人の性格に依るや。蓋《けだ》し青史に特筆すべき汚点なり」

では、だれがつぎに宰相の印綬《いんじゅ》をおびるや、これが喫緊の大問題である。つづいて十七日の項を引く。

「正に天高く馬肥ゆるの秋、戦時内閣の出現果して如何。吉か凶か。皇国の大事はまさに決せんとす。如何なることありと雖《いえど》も新内閣は開戦内閣ならざるべからず。開戦開戦、これ以上に陸軍の進むべき途なし。

本夜あたり両総長召され、御言葉あるやも知れず。上奏文を起草、総長に呈し、待機の姿勢にあり。もし戦争を止めよの〔天皇の〕御言葉ありたる時、総長の決心如何。軍令部総長は戦争断行すべきを上奏し、職を辞すと云う。当方総長は如何。

軍令部総長はいっさい海軍省と連絡することなく、断乎信ずる所を行うべしと云いありと。大いに可」

そして、大命は東条に下った。

「遂に「サイ」は投ぜられたるか?」

いや、「たるか?」ではなくて、「たり!」であったのであろう。このように軍統帥部にはすでに「戦争気分」が横溢していたのである。もはやだれにも止められないほどに。

それなのに、天皇は……?『実録』の十月二十日の項を引いておく。


午前十時四十三分、内大臣木戸幸一をお召しになり、十一時三十五分まで謁を賜う。今回の政変に際しての内大臣の尽力を労われる。その際、内大臣より、不用意な戦争突入を回避する唯一の打開策と信じて東条を奏請した旨を詳細にお聞きになり、いわゆる虎穴に入らずんば虎児を得ざる旨の御感想を述べられる。


木戸はその日記に、天皇のこの言葉に「感激す」と自画自讃しているが、「虎児」という語に天皇は「平和」という意味をこめていったのであろうか、ほんとうに疑問とせざるを得ない。

東久邇宮はその日記『東久邇日記』に実に明瞭に書いている。

「私は、東条陸相に大命が降下したと聞いて、意外に感じた。東条は日米開戦論者である。このことは陛下も木戸内大臣も知っているのに、木戸がなぜ、開戦論者の東条を後継内閣の首班に推薦し、また陛下がなぜこれを御採用になったか、その理由が私にはわからない」

まったくそのとおりであるが、東条を首班に選んだことには、明らかに木戸の深謀があったのである。九月六日の御前会議の決定を白紙に戻し、この忠節な(?)首班の率いる内閣をもって進むか退くかを改めて検討させる。そのためには、木戸を中心にした宮廷政治のリモコンが、大いに力を発揮することができると考えたにちがいないのである。それの証しに、少し前に戻るが、『実録』の十月十七日の項にこうある。

五時四分、御座所に内大臣をお召しになり、同三十三分まで謁を賜う。なお、内大臣は命を奉じて、御前より退下した陸海両相(東条と嶋田繁太郎)に対し、左のとおり伝達する。還元の御諚《いわゆる白紙》。
只今、陛下より陸海軍協力云々の御言葉がありましたことと拝察致しますが、尚、国策の大本を決定せられますに就ては、九月六日の御前会議の決定にとらはるゝ処なく、内外の情勢を更に広く深く検討し、慎重なる考究を加ふることを要すとの思召であります。命に依り其旨申上置きます。

すべて新規まき直し、天皇の期待もここにあったのであろう。しかし、内閣と違って、陸海軍総帥部にはなんの御諚《ごじょう》もなかった。ゆえに、陸海軍部はひたすら戦争への道を突き進んでいた。十八日、東条内閣成立。翌十九日、海軍統帥部は正式に真珠湾攻撃作戦計画を決定する。二十三日から連日のように連絡会議がひらかれ、戦争遂行が可能かの国力の検討がつづけられる。そして、結局、サイコロは〝開戦〟という目をだした。いまならば勝算があるからである。勝敗は物心の総力できまる。精神力はともかく、時日がたてばたつほど物量では日本はアメリカの敵ではなくなることが明らかである。

いわゆる天皇からの「白紙還元の御諚」がでながら、東条内閣は真剣になって、日本のおかれた状況を確かめつつ、戦争のほかに手段はないのか、石油のジリ貧論に根拠があるのか、外交交渉を妥協しても実らせるほうがいいのではないか、など当面する難局打開のための資料検討やら分析やらを基礎に議論をつくしたのであろうか。はなはだ怪しく思えてならない。即時開戦を主張する中堅参謀たちの「もはや議論のときにあらず」「開戦するなら今だ、今がチャンスだ」の声に突き動かされて、会議は戦争する以外に方法はないという結論になっていったのではないか。冷静に、緻密な計算も入れて、知的に、いや常識的に判断すれば戦争はできない、してはならないと結論に到達したであろうに、そうはならなかった。

十一月一日、細かい項目再検討の結果を受けて、午前九時から翌日午前一時半まで、なんと十六時間半にわたる大本営政府連絡会議がひらかれる。その結論は、戦備を整えながら外交交渉を継続するが、日本時間十二月一日零時までに日米交渉が妥結しない場合は開戦する、というものであった。

そしてこの日、十一月二日午後五時三分、東条首相は陸海両総長とともに参内し、その会議の結論を奏上する。『実録』は記している。

天皇は首相に対し、日米交渉により局面を打開できなければ、日本は已むを得ず対米英開戦を決意しなければならずやと漏らされ、作戦準備の促進は已むを得ざるべきも、極力日米交渉の打開に努力するよう御希望になる。首相より、本国策遂行要領に関する御前会議開催の奏請、並びに本要領中の国防用兵事項に関する軍事参議会の開催の願い出を受けられる。併せて首相より、統帥部では御前会議前に航空部隊に対する準備命令の発出を希望につき、必要の際には御裁可を奏請すべき旨の言上あり。天皇は、開戦の大義名分に関する首相の考えを質され、目下研究中のため、いずれ奏上する旨の奉答を受けられる。また、ローマ法王を通じた時局収拾の検討を御提案になる。ついで軍令部総長・参謀総長に対し、開戦に伴う陸海各軍の損害の見積り、防空対策等につき尋ねられ、それぞれより奉答を受けられる。

天皇はなお、日米交渉による解決の途を探るようにと切言しているようである。が、その半面で、開戦の大義名分について心を配り、さらには両総長に損害の見積りや防空対策といった戦端を切ったあとの対策について質問している。

その上で注目しておきたいのは『機密戦争日誌』にある「東条総理涙を流しつつ上奏す」の一行なのである。このときの東条の涙はいったい何であったのか。天皇の期待に背いて申しわけないという想いであったのか、それとも何とぞわかってくれとの哀願であったのか。ところが、「御上《おかみ》の御機嫌麗《うるわ》し、総長既に、御上は決意遊ばされあるものと拝察し安堵す」と、なんと反対どころの話ではなかった、とも書かれてある。同じ場面は『杉山メモ』にもあるのである。

そして翌三日、午後三時十五分から四時五十分まで、陸海両総長をよんで、「対英米蘭戦争に伴う作戦計画の概要」について天皇は詳細に聞いている。『実録』は簡にして要を得て書いている。

種々御下問の際、昨日首相より言上の御前会議前における航空部隊への命令発出の要否につき尋ねられ、参謀総長より御前会議終了後の発令でも間に合うこと、会議後の発令の方が筋が通っていると考える旨の奉答を受けられ、同意される。また軍令部総長に対し、海軍の作戦開始日を御下問になり、十二月八日月曜日とする旨の奉答を受けられる。ついで両総長より、帝国国策遂行要領のうち国防用兵に関する「帝国ハ現下ノ危局ヲ打開シテ自存自衛ヲ完ウシ大東亜ノ新秩序ヲ建設スル為此ノ際対米英蘭戦争ヲ決意ス、右武力発動ノ時機ヲ十二月初頭ト定ム」の箇所につき、軍事参議院に御諮詢されたき旨の奏請を受けられる。右によって、直ちに侍従武官長を軍事参議院議長載仁親王の許に差し遣わし、御諮詢の旨を伝達せしめられる。五時二十五分、侍従武官長より、明四日午後二時に軍事参議会を開催する旨の復命を受けられる。

さらに翌四日の『木戸日記』に、この両総長への質疑に関連して、天皇のつぎの言葉が明記されている。

「一、泰国に侵入する場合には大義名分を明にする要ありと思う。右に対する研究如何。

一、豪州を基地としての航空機及び潜水艦による反撃に対し、石油の獲得輸送を支障なく実行し得るや否や。右に対する方策如何」

『実録』にもそっくり同じ意のことが記されているが、これらは、もう戦いがはじまったあとの作戦面についての憂慮であり、質問である。これでみれば、三日の両総長の一時間半余の応答は、もっぱら開戦後の作戦についてであったとみたほうがいいことになろう。

これはわたくしの仮説であって、これといっていい証しのある話ではない。が、天皇が「開戦やむなし」と自分の心のうちでひそかに決意を固めたのは十一月二日、それをより強く確かなものとしたのが三日ではなかったか。永野総長が問われて作戦開始日は十二月八日とすると報告する。『実録』にはそれ以上は書かれていないが、なぜその日を選んだかの説明も当然なされたのではないか。あるいは真珠湾攻撃の作戦計画についても。とにかく陸海の両総長は天皇の宸襟《しんきん》を悩ませないためにも、計画は練りに練られて準備万端の整っていることを奏上したにちがいない、さもなければ開戦日までが特定されて報告されるはずはないのである。天皇はなお懐疑的ながらその心は開戦のほうに向けられたのである。くり返すが、これはわたくしの仮説にすぎないが。

十一月五日午前十時半より東一ノ間でおこなわれた御前会議は、天皇が即位してから第七回目のそれにあたる。これは、事実上の太平洋戦争開戦を決定した会議となった。この会議で、二日に東条首相により奏上された「帝国国策遂行要領」が、正式に天皇によって裁可される。その冒頭は「帝国ハ現下ノ危局ヲ打開シテ自存自衛ヲ完フシ大東亜ノ新秩序ヲ建設スル為此ノ際対米英蘭戦争ヲ決意シ……」とある。くだいてみれば「いろいろ議論があるが、もう戦争しかない」と宣言したことになる。『実録』は、もっぱら原枢密院議長と東条首相との間での質疑応答だけをくわしく記している。省略なしで引用する。

枢密院議長は、日米交渉が絶望的である以上、対米戦争を決意するも已むを得ないと認めるが、日本が参戦した場合、白色人種国家である独英米間の和平により、黄色人種国家である日本が孤立しないよう政府の善処を切望する旨を表明する。これに対して首相より、政府は日米交渉打開の希望を捨てていないため、今回直ちに開戦の決意には触れず、本案の如く外交と作戦の二本建てとしたこと、また米国は日本の経済的降伏を想定していると考えられるが、本案により我が軍が展開位置に就くこととなれば、米国は日本の決意を理解し、外交の手段を打つべき時機が到来すると考える旨の回答あり。また首相は、長期戦突入に伴って予想される困難な事態を憂慮して現状を放置すれば、石油の枯渇・国防の危機等を招来し、延いては三等国の地位に陥る懸念があること、人種戦争の様相を呈しない施策を考慮していること等を表明した後、他に意見がなければ原案可決を認めるとし、御前会議の終了を宣言する。午後三時十分、天皇は入御される。同二十分、内閣より上奏の「帝国国策遂行要領」を御裁可になる。

しかし、なぜ『実録』がこのときの御前会議の内実はこれだけにとどめたのか、正直にいって疑問なしとしない。会議の論点が、結局は〝交渉〟するためにどうすべきかではなく、ダメの場合はどうしたらよいか、そこに集中する。〝開戦〟のための会議となったゆえに、という配慮が『実録』の編纂者にあったためであろうか。

それにしても、わたくしの調べたかぎりでこれまでも、この十一月五日の御前会議の内容は、参謀本部編『杉山メモ』以外にはほとんど残されていない。わずかに戒能通孝《かいのうみちたか》氏の著書『群衆の悲劇』（穂高書房）のなかに、「私の手許に入ったのは、その原本でなく、やや不完全な写本のために、若干の誤謬があるかも知れぬ。しかし決して後からの偽造でなく、東京裁判における東条の証言より、一層当時の状況を伝える文書のように思われる」として、当日の議事録が全文掲載されている。

それと、田中新一（元少将。昭和十五－十七年末まで参謀本部作戦部長）の著書『大戦突入の真相』

（芙蓉書房）にも、箇条書きではあるが、その模様を伝えた記録をみることができる。

すでにわたくしのほかの著作でいっぺん書いたことがある。が、やはり知っておいたほうがいいと思われる事実なので、お許しを願って再度簡略に書き写してみることにする。

まず、東条首相が立つと開会を宣し、九月六日の御前会議決定を確認し、あれいらいずっと「忍ぶべき《〔ママ〕》を忍んで」外交交渉をつづけてきたが「米側の反省を得るにいたら」ない実情を説明。それゆえ政府と大本営陸海軍部とは、前後八回にわたって連絡会議をひらき議をつづけてきたが、その結果「戦争決意を固め、武力発動の時機を十二月初頭と定め」たことを、天皇ならびに列席者に報告する。しかし、「作戦準備を完整するとともに、なお外交による打開の方途を講ず」ることにしたと付言することを、忠誠なる軍人宰相は忘れなかった。

つぎに立った東郷茂徳《しげのり》外相は、首相の説明をたちまちに否定する。「外交による打開」というが、「時間的に著しく制約を蒙り、従って遺憾ながら、その間外交的施策の余地に乏しい」と、正直にその絶望なことをのべている。

鈴木貞一企画院総裁が三番目の説明者。日本の現状から仏印・泰国からの物資はどうしても取得せねばならないと、まず大上段からいってのける。つづいて、開戦後の重要物資輸入生産の見通し、ならびに敵に撃沈されるであろう輸送船の見込みなど、いとも楽観的にのべて、さきの十一月四日に木戸に問うた天皇の心配を払拭している。撃沈されるより建造される量が大きいと、いちいち数字をあげて説明する。戦争がはじまって、これが如何に架空の数字であったかが明らかになるが、これこそ〝後悔先に立たず〟ということである。

四番目の石渡荘太郎蔵相の楽観論も、同じように〝捕らぬ狸の何とやら〟そのものであった。戦争となれば、膨大な戦費がかかり、悪性インフレの危険があるが、税収と国民の貯財から軍費を集め、戦時公債を「強制的に」売りつけることで、「我国は財政金融の持久力ありと判定する」ことができる、というものである。

つづく陸海両総長の説明は、クライマックスといえるもので、説明というより大いなるアジテーションであった。まず杉山参謀総長。開戦の時期がのびると敵の兵力は増強され、しかも、南方の天候上作戦は不利になる。そこで武力発動の時期は遅くとも「十二月初頭と定めたいと存ずる次第でございます」。戦争となれば長期戦を覚悟せねばならないが、「戦略上不敗の態勢を占め得」ることができる。ソ連はドイツとの戦いで大損害を蒙っているから、関東軍があるかぎり、いまのところ北からの攻撃の気づかいはない。その意味からも、できるだけ早急に南方を片付けて不敗の態勢をつくりたい、と強く早期の開戦を希望するのであった。

海軍の永野総長の説明は、注意して耳を傾けると、興味深い事実が浮かびあがってくる。十一月末日までにすべての戦争準備はＯＫであると、海軍としての自信を披瀝。しかし、戦争開始直後の作戦が大事であるから、これを「先制的に勇断決行致しますこと」が肝要である。したがって「戦争企図の隠蔽が戦争の成否に重大なる関係が」あると説く。のちに、天皇と陸海両総長と海相をのぞくすべての列席者が〝アッとおどろく〟真珠湾攻撃計画が、ここには暗に示されている。

冒頭の説明はここで終了し、会議はつづいて原議長からの質疑となるのであるが、『実録』はこの冒頭の説明をすべて省筆《しょうひつ》している。その奇妙さを解くカギは、『実録』の編纂者たちが、昭和天皇が戦前と戦後を通して平和主義と国際協調を信条とした人物であることを描きだそうとしているゆえにある、と思われるのであるが、どうであろうか。冒頭で説かれているのは、戦争をすべきか否かではなく、いかにうまく戦争をすべきであるか、戦争になっても大丈夫か、であることは明らかである。作戦であり、勝ち負けである。拳《こぶし》の一撃は、良否が問題ではなく、強弱が問題なのである。

しかも、いちばん重要な、そして悲しむべき事実は、列席者すべてが、すでに日米交渉の不成立を確信しているかのようにみえることである。外交による危機打開が、ただ言葉だけで、もう完全に忘れられてしまっている。

原議長は会議の終わりにこう結論する。

「米に対し開戦の決意をするもやむなきものと認む。初期作戦はよいのであるが、先になると困難も増すが、何とか見込みありと云うので、これに信頼す」

戦争をする以上、勝ち負けを考えるのはいい。が、「何とか見込みあり」程度の未来図で戦争に突入したことだけは記憶しておかなければならない。

ともあれ、この日の会議では、外交交渉による日米関係の打開という九月六日の、天皇の最終的期待は踏みにじられたまま、幕を閉じた。天皇はこれらの説明や討議を黙って聞いていた。ということは、「帝国国策遂行要領」が天皇の認可をえたことを意味する。こうして〝決意〟が〝準備〟となり、ついに〝決定〟にまで、大日本帝国はかけ上ってきた。ぬきさしならない道を、ただひとすじに、である。もはや狂瀾《きょうらん》を既倒《きとう》にめぐらすことはできない。残されているのは、開戦日を正式にいつにするかという最後の御前会議だけである。

この日の会議の終わったあとで、天皇は陸海両総長と会い、くわしい作戦計画についての上奏をうけている。『実録』はそのことをきちんと記している。

> 同三十五分、御学問所において参謀総長・軍令部総長に謁を賜い、参謀総長より対米英蘭戦争に伴う帝国陸軍作戦計画につき上奏を受けられる。また、軍令部総長より対米英蘭戦争帝国海軍作戦計画の策定につき、航空母艦六隻を基幹とする機動部隊を以てハワイ在泊中の敵主力艦隊を空襲する旨の上奏を受けられる。

戦争はもう足許にまでせまっていた。

くり返すが、国民は何も知らない。渡邊白泉という俳人のよく知られたいい句が思いだされてくる。

・戦争が廊下の奥に立つてゐた

ニイタカヤマノボレ——十二月一日の御前会議

十一月二十六日、アメリカは日本からの交渉妥結案を拒否して、いわゆるハル・ノートを突きつける。日本が満洲事変以前の状態に後退することを強く要求してきたのである。これはアメリカの宣戦布告だとの感想を、政府や軍部が抱いたのは当然かもしれない。前後合すれば営々一年近く話し合いをつづけてきた意味は水泡と化したからである。

ハル・ノートの前日、南方軍総司令官寺内寿一《ひさいち》大将はすでに征途につき東京を発っている。真珠湾の米太平洋艦隊を攻撃する任務をもつ南雲《なぐも》忠一中将指揮の海軍機動部隊は、ハル・ノート到着の日の午後六時、千島の単冠湾から勇躍出撃していた。すべては予定どおりである。十二月一日午前零時までに交渉が成立しなければ、日本からの対米宣戦布告が発せられる。外交交渉にもはや残された時間はなくなっていた。

二十九日、宮中御学問所で、天皇と重臣(首相経験者)たちの懇談会がひらかれる。重臣たちはこもごも自分の意見をのべたが、政府の開戦決意にやや疑問を呈したのは、岡田啓介、近衛、若槻礼次郎、米内《よない》光政、広田弘毅《こうき》であったとされていたが、『実録』はそのことを明確にしている。

御食後、天皇は茶菓を賜い、午後二時に及ぶ。ついで同二十分、御学問所に移られ、各重臣より順次意見を聴取される(賜茶の席からは内大臣。木戸幸一も参加する)。席上、若槻・岡田は長期戦となる場合の物資補給面の憂慮を指摘し、平沼は長期戦の場合における民心引締め策の必要を主張する。また、近衛は外交交渉決裂後も臥薪嘗胆の状態にて打開の途を見出し得ざるやとし、米内はジリ貧を避けて却ってドカ貧に陥らないよう注意を要すると述べる。ついで広田は、危機に直面して即時開戦は如何なものや、已むを得ず開戦となりても、和平交渉の機会を捕捉する必要を指摘する。一方、林は政府・大本営の決断を信頼するほかなきことにつき、阿部は今や覚悟を定めるほかなきも、開戦後の支那人心の動向に対する慎重な処置の必要につきそれぞれ発言する。さらに若槻は、自存自衛のためならば敗戦を予見し得ても立つ必要あるも、大東亜共栄圏の確立等の理想に拘泥した国力の使用は非常に危険につき、聖慮を煩わしたき旨を言上する。各重臣による言上の間、首相は現状維持論に対しては一々反駁説を展開する。三時五分、天皇は入御される。

ここでも、みずから希望した重臣との懇談でありながら、天皇は黙って意見を聞くのみで終わっている。

これを知らされた軍部は憤然とした。『機密戦争日誌』にはその怒りが記されている。

「国家興亡の歴史を見るに国を興すものは青年、国を亡ぼすものは老年なり。重臣連の事勿《なか》れ心理も已むなし。若槻、平沼連の老衰者に皇国永遠の生命を托する能わず。吾人は孫子《まごこ》の代まで戦い抜かんのみ」

すべての手続きは終わった。あとは十二月一日の御前会議で、形式的に開戦を決定すればいいだけである。すべての準備はととのっていると考えられていた。矢は弦につながれ、弓は満月のようにしぼられている。しかし、歴史はギリギリのほんとうにギリギリの時点で、皮肉な、一つのいたずらをしたのである。

十一月三十日の午前十時ごろ、軍令部参謀高松宮（当時海軍大佐）が天皇を訪ね、「海軍の真意は、できるだけ日米戦争を避けたいと思っている。自信をもってはいない」という意味のことをいった。そのあとに『実録』は非常に意味深長な天皇と高松宮のやりとりを書いている。

また、親王より統帥部では戦争の結果は無勝負又は辛勝と予想している旨の言上あり。これに対して天皇は、敗戦の恐れありとの認識を示される。親王より、敗戦の恐れある戦争の取り止めにつき提案を受けられたことに対し、午後、内大臣木戸幸一をお召しになり、宣仁親王より海軍はできるならば日米戦争の回避を希望している旨を聴取したとして、その真相をお尋ねになる。内大臣より、今回は一度御決意になれば後へは引けない重大事項につき、些細の御不安もなきよう十分御納得の必要あり、よって直ちに海相・軍令部総長をお召しの上、海軍の本心を確認され、併せて首相にも隔意なくお話し置き願いたき旨の奉答を受けられる。

天皇の「敗戦の恐れありとの認識」の文字には驚かされるが、ともあれ、こうして海軍大臣と軍令部総長の急拠参内が実現する。『実録』には「六時十三分」に両海軍首相が拝謁、「同三十五分まで」と書かれている。たった二十二分間。これにも驚かされる。これでは腹の底を打ちわった話などできないのではないか。

軍令部総長に対し、長期戦が予想されるも、予定どおり開戦するや否やにつきお尋ねになり、大命が降れば予定どおり進撃すべきこと、明日委細を奏上すべきも、航空艦隊は明日ハワイ西方の千八百浬に達するとの奉答を受けられる。ついで海相に対し、開戦の準備状況及びドイツの単独和平の場合における措置方につき御下問になる。海相より、人員・物資共に十分準備を整え、大命一下に出動できること、また元来ドイツは信頼できず、万一同国が手を引くとしても我が国にとって支障はないと考える旨の奉答を受けられる。さらに両名より、艦隊は士気旺盛にして、訓練も充実し、司令長官は十分自信を有していること、さらに一同必勝の覚悟を持していること等の言上あり。両名退下の後、天皇は内大臣をお召しになり、海相・軍令部総長に下問した結果、両名共に相当の確信を以て奉答したため、予定どおり進めるよう首相へ伝達すべき旨を御下命になる。

よくぞこの短時間の応答をすべて残したものと『実録』の編纂者をほめてやりたくなる。それにしても、二人の海軍の責任者は、天皇の気持を安めようとぬけぬけといってのけたものよと、ただただ恐れ入る。現実の会話体で書けば、「士気は天をつくばかりであります。十分に勝算はございます。この戦争はどうしても勝たねばならないと一同覚悟しております」などと力強く答えたにちがいない。天皇はそんな壮語にだまされてはならなかったのである。

最後のチャンスもこうして失われた。十二月一日の御前会議はまさに儀式そのものといってよかった。それでも『実録』は長々と記録にとどめている。

まず首相より、十一月五日の御前会議以降、対米国交調整の成立に努力したが、米国が我が軍の支那よりの無条件全面撤兵、南京政府の否認、日独伊三国条約の死文化等を要求したため、我が国は自存自衛上、米英蘭各国に対して開戦の已むなきに立ち至りし次第を述べた後、本日の議題「対米英蘭開戦ノ件」につき審議を願う旨を表明する。ついで外相が日米交渉の経過を、また軍令部総長が統帥部を代表して作戦準備状況を、さらに内相東条英機・蔵相・農相が各所管事項をそれぞれ説明する。引き続き、枢密院議長と関係大臣・統帥部長との間に質疑応答あり。また、枢密院議長より、我が国は対米交渉において譲歩によって平和維持を希望したが、米国は蔣介石の主張を代弁し、従来主張の理想論を述べ、その態度は唯我独尊にして甚だ遺憾であり、我が国として仮にこれを甘受すれば日清・日露戦役以来の成果を失い、満洲事変以来の結果をも放棄することとなるため、到底忍びがたいこと、特に四年以上の支那事変を克服してきた国民にこれ以上の苦難を与えることは忍びないが、我が国の存立を脅かされ、明治天皇の御事蹟をも全く失うことになっては、これ以上手を尽くしても無駄であるため、先の御前会議決定のとおり開戦も已むを得ないと考えること、なお今回は長期戦となることは已むを得ないが、その場合には勝利を得つつ民心の安定を図るべきこと、なるべく早期に戦争を終結することを考えておく必要があること等を述べる。これに対して首相より、政府としても枢密院議長より指摘の点については万全を策しており、今後戦争の早期終結に十分努力したき旨の回答あり。最後に首相は、今や皇国は隆替の関頭に立っており、開戦と決定すれば、一同共に政戦一致施策を周密にし、挙国一体必勝を確信し、全力を傾倒して速やかに戦争目的を完遂し、誓って聖慮を安んじ奉らんことを期すと述べ、会議の終了を宣言する。午後三時四十五分、天皇は入御される。

木戸内大臣は天皇から御前会議の様子を聞いて、「運命という外はない」といったという。

翌二日、山本連合艦隊司令長官は全軍に命令を発する。

「ニイタカヤマノボレ　一二〇八」

開戦は十二月八日と決したのである。

こうして、十二月八日、日本の対米英戦争の戦端をひらいた。戦争が開始されたとき、「国運を賭しての戦争に入るに当りても、恐れながら、聖上の御態度は誠に自若として、いささかの御動揺も拝せざりしは真に有難ききわみなりき」と『木戸日記』によって描きだされている天皇の姿がそこにはあった。

第二話　終戦――万世の為に太平を開く

「終戦を希望する」――四月三十日

昭和二十（一九四五）年はまさしく「特攻の秋《とき》」であった。一人一殺、最後の一兵まで、戦場も銃後もなく一億総特攻である。

それゆえに、そこまで悲惨な情勢に陥る前に戦争を、なぜ、もっと早く止めることができなかったのか？　という質問を多くの人から受ける。後世からみれば何と愚かなことを、という酷評を甘受するほかはないであろうが、大日本帝国はそんなに簡単に白旗を掲げるわけにはいかなかったのである。なぜなら、アメリカが頑強に「無条件降伏」政策を突きつけていたからである。無条件の全面降伏のほかに戦争を終結することはできない、と米大統領は主張しつづけている。国家の運命を手足を縛られたまま勝者の勝手気儘に任せるわけにはいかない。戦争に勝利のないことが明白になっても、乾坤一擲《けんこんいってき》の決死的決戦によって何とか大勝利を得て、少しでも有利な条件で講和にもちこみたい、政府も軍部も悲壮なまでにそう祈願し、あるはずもない必勝の作戦を模索し戦いつづけていたのである。

天皇も〝戦う大元帥陛下〟として国家を絶望の淵から救いあげようと必死になっていた。軍部がいう「本土に敵を迎撃しての最後の大決戦によって勝利を」を信じ、骨身を削るようにして戦いつづけてきた。その天皇が、はたしてこの戦争をこれ以上続行することは無謀であり、たとえ責任者として自分の身はどうなってもいいから戦争を終結させなければならない、と覚悟をきめたのはいつか、それはまことに答えを見出し難い設問ということになる。

『実録』によると、昭和十七年十二月十一日「日露戦争・満洲事変・支那事変を引き合いに出され、戦争を如何なる段階にて終結するかが重要であることを繰り返し仰せられる」とあるのが、戦争はじまっていらい初めて、天皇が〝終戦〟のことを口にしたときである。ただし少数の侍従たちに、問わず語りに胸の内を語ったもので、公的な発言ではない。

つぎが十九年九月二十六日、木戸内大臣に語った言葉がある。「ドイツ屈服等の機会に名誉を維持し、武装解除又は戦争責任者問題を除外して和平を実現できざるや、領土は如何でもよい」。これも最高の側近への内話であり、ここにいわれているような、都合のいい条約付きで和平への望みはほとんどないときである。

さらに二十年三月十一日、大空襲で東京の下町壊滅の翌日、皇族の賀陽宮《かやのみや》恒憲《つねのり》王に「無条件降伏と戦争責任者の処罰以外は戦争終結の条件として考えられ得る旨を述べられる」と『実録』にある。つまりはあり得ない条件付きの降伏を、大空襲の悲惨さに胸をつかれて、ふと洩らしたということであったのであろう。これも私的といえば私的である。

そのなかで、やや公的ともいえるのが同年四月三十日の鈴木貫太郎内閣の外務大臣東郷茂徳への指示、ということであろうか。

午後四時四十五分より五時三十分まで、御文庫において外務大臣東郷茂徳に謁を賜う。外相より、ドイツ国の崩壊とその原因、及び我が国としては戦争続行が不可能である点を重視し、今後の措置を考えるべきこと等につき、詳細な奏上を受けられる。これに対し、早期終戦を希望する旨の御言葉あり。なおこの日、最高戦争指導会議は、「独屈服ノ場合ニ於ケル措置要綱」を決定する。

この四月三十日はヒトラーが自決した日である。ドイツ時間であるから、天皇が外相に希望をひそかに伝えたころはまだその知らせはなかったであろうが、ベルリン陥落はもう自明のことであった。そして五月八日、ドイツ軍は無条件降伏する。もちろん、その惨たる情報はすぐ伝わってきている。

こうなると、世界中の国々を敵として戦うのは大日本帝国のみとなったのであるが、それではとあっさり白旗を高く上げるわけにはいかない。くり返すが、アメリカを先頭に連合国が掲げる「無条件降伏」政策が、日本にも突きつけられているからである。手足を縛られたまま戦争を終えては、国体は護れないのではないか。天皇の身柄に関する確実な保証なくしては、それ以外のどんな条件も一片の紙きれでしかない。忠勇なる陸海軍が無条件降伏で武装解除されてしまった後で、国体の変革を迫られたとしたら、だれが天皇を護れるというのか。軍はそう呼号してなお戦うことを宣言する。

それにいまこのとき、沖縄では米軍を迎え撃って大激戦がつづけられている。それを見捨てて、無条件降伏の出来得べくもないではないか。しかも五月に入ってから陸軍の本土決戦計画は、単に計画にすぎないのであるが、着々と軌道に乗って進められている。

そうした情勢下において、ある意味で戦略的にも戦術的にもだれよりも知悉《ちしつ》している最高責任者として、天皇は希望は希望として胸に秘め、この激変にどう対処すべきかに迷うほかはなかったに違いない。

『実録』には書かれてはいないが、いくつかの史料ではさらに五月十六日に木戸内大臣と五十分余の会談をし、天皇がこんな述懐をしている。

「鈴木〔首相〕は講和の条件などについて弱い。木戸はどう考えるか。軍の武装解除については、何とか三千人か、五千人の軍隊を残せるように話ができないものだろうか」

沖縄で勝機をつかんで和平へ、それ以外は無条件降伏を強制されるだけである、と常に奏上する鈴木貫太郎首相は、和平を強く押し進めるつもりはないのではないかと、天皇は「弱い」という言葉でそれを表現したのであろう。木戸はこれにあっさりと、

「三千、五千の兵が残りましても有名無実であり、何にもなりません」

と答えた。天皇は黙っていた。木戸は押しかぶせるように、

「和平とは、まだきまってはおりません」

とはっきりといった。天皇はこれにたいしても黙ったままであったという。

いちばんの側近にこのようにまでいわれては、陸海軍を統率する大元帥としては、なお戦わねばならないという決意を固めるほかはなかったであろう。

では、その天皇がはっきりとこの戦争を何があっても終結させなければならないと、決意とい

うか覚悟をきめたのは、いったいいつのことであったのか。

天皇の顔が和平に向いたとき――六月二十日

六月に入って、鈴木首相が唯一の期待をかけていた沖縄の戦局は、絶望的な様相を呈した。五月二十九日、米軍は那覇市内に突入、日本防衛軍の組織的な抵抗が終わろうとしていた。

ドイツ降伏いらい一カ月、さまざまな局面で情勢は急を告げている。外国報道は、ドイツ民衆が悲惨な境遇に陥っていること、そしてドイツが東西に分断されてしまったことなどを伝えてきている。ソ連のアジア方面にたいする動きも不気味であった。何か不吉なものを日本国民はそこに感じはじめ、軍部への信頼も根本のところで揺らぎだしていた。鈴木内閣は、最後の一兵まで戦おうと改めて決意するのか、思いきって和平の方向に舵を回すのか、否応なしに最後の決断を迫られていた。

しかし、歴史はまっすぐに進まない。目先の利く陸軍中央部がすでに行動を開始していたからである。ドイツ降伏の直前に、陸軍統帥部は「今後採ルベキ戦争指導ノ基本大綱」を作成し、これを海軍統帥部に提議し、大本営案として御前会議において決議しようともちかけていた。海軍中央部はほぼ一カ月近くなんらの返答もせず、にぎり潰してきたが、時勢の転変でいつまでも放っておけるものではなくなっていた。陸軍はさらにこれを鈴木首相にも示し、御前会議の開催の奏請《そうせい》を強くせまった。

こうして六月六日、午前九時から十二時までと、午後二時から六時までの二回にわたって最高戦争指導会議がひらかれ、はげしい論議のはてに、調子の高い「戦争指導基本大綱」が決定された。

「七生尽忠《しちしょうじんちゅう》の信念を源力とし、地の利人の和をもって飽くまで戦争を完遂し、もって国体を護持し皇土を保衛し、征戦目的の達成を期す」

そしてこの〝戦争にひきずられた政治〟の最高決定が、宮中において下されたのは六月八日である。『実録』はこのときの御前会議の模様を時間とか出席者名とかの事実だけをきちんと記すが、その内容については「首相による議事進行のもと、綜合計画局長官〔秋永月三《つきぞう》〕より「国力ノ現状」が、内閣書記官長〔迫水久常《さこみずひさつね》〕より「世界情勢判断」が朗読され、次に参謀次長〔河辺《かわべ》虎四郎。梅津参謀総長欠席ゆえ代理〕、軍令部総長〔豊田《とよだ》副武《そえむ》〕、関係各大臣、枢密院議長〔平沼騏一郎〕よりそれぞれ発言あり。その後、「今後採ルベキ戦争指導ノ基本大綱」が審議され、左のとおり決定す」と、まったく討議そのものにはふれようとしていない。そして決定された「大綱」をきちんと記したあと、「正午、入御される。午後一時三十五分、御前会議決定事項に関する内閣上奏書類を御裁可になる」と、天皇の動きをあっさりと書いている。

天皇が、例によって御前会議では一言も発言せず、内閣が一致して決めてきたことを裁可するのみ、つまり憲法をきちんと守っていることを『実録』は淡々と記すのである。

しかし、いくつかの資料をつき合わせると、事実は、相当にはげしい論戦があったのである。河辺参謀次長が烈々たる闘志をむき出しにして、本土決戦必勝を豪語した。

「本土に敵を迎えての作戦は、沖縄・硫黄島・サイパンなどの島嶼作戦とは本質的に違うのであり、敵の上陸点に全軍を機動集中し、大いなる縦深兵力をもって、連続不断の攻撃を強行することができるのである。かつ地の利と、忠誠燃ゆるがごとき全国民の協力をもあわせて期待することができる」

これに豊田軍令部総長が唱和する。

「敵全滅は不可能とするも、約半数近いものは水際到着前に撃破し得る算ありと確信する」

たいして東郷茂徳外相が強烈に反駁した。

「戦争が本土に近づけば近づくほどわが軍に有利であるかのような議論をされるが、わが空軍が優勢なる場合のみ、あるいはそれが可能なのであって、その条件が完備せざるかぎりは、わが方に有利なりとは到底考えられない」

こうした議論はなおもつづいたが、結局は「戦争指導基本大綱」はまさに予定どおり決定された。すでに書いたとおり天皇は沈黙を守ったままであった。そしてそのあと、

午後一時五十分より二時二十分まで、御文庫に内大臣木戸幸一をお召しになり、御前会議の模様をお話になる。拝謁後、内大臣は時局収拾の対策試案を起草する。

『実録』の記載はこれだけであるし、『木戸日記』にも「一時五十分より二時二十五分迄、御文庫にて拝謁」とのみ記されているのであるが、木戸が戦後になって語っていることにすこぶる興味深い話が残されている。

「御前会議の内容はいつも内大臣は見ないし、陛下もおっしゃらない。それなのにそのときは、机をはさんで二人きり、陛下は「こういうことが決まったよ」とたったそれだけおっしゃって、ひょいと書類を私の前に出された。そんなことはいままでになかったことだ」(『昭和史の天皇2』読売新聞社編、中公文庫)。

とっさに明敏な官僚である木戸内大臣は察知した。徹底抗戦・本土決戦を謳った御前会議の決定に、天皇は不満であることを。この日、木戸は心中に深く決するものがあった。政治を軍の手からとり戻さなくてはならない。舵を百八十度回転させるために、「猫の首に鈴をつける役割」を自分がしなければならないと。それが『実録』が記す「時局収拾の対策試案」へとつながっていったのである。

そして木戸が考えた時局収拾のための私案とは、『木戸日記』に補註のようにして記されている。かなり長いものであるが、そのいちばんの骨子となるのは、つぎの項目ということになるであろう。

「天皇陛下の御親書を奉じて仲介国と交渉す。

対手国たる米英と直接交渉を開始し得れば之も一策ならんも、交渉上のゆとりを取るために、寧《むし》ろ今日中立国関係にある蘇聯《それん》をして仲介の労をとらしむるを妥当とすべきか」

つまりソ連を仲介とする和平交渉案ということになる。しかもこの木戸私案は翌九日に天皇に上奏されたことが『実録』に明記されている。

午後一時二十五分、御文庫に内大臣木戸幸一をお召しになり、同人起草による時局収拾の対策試案につき詳細な言上を御聴取になる。首陸海外各相と協議することを願い出た内大臣に対し、速やかに着手すべき旨を仰せになる。

天皇が木戸私案を「やってみるがよい」と承認したことがこれではっきりする。

しかし、どうであろうか。天皇がこれで和平の方向に国策を転回させる決意をしっかりと固めた、といってはたしていいであろうか。わたくしは正直にいってそうはいえないのではないかと考えている。

木戸の上奏は、あくまでも首相・外相・陸相・海相にこの案を示し協議するというものである。陸海の両統帥部総長が外されている。徹底抗戦を強く推進しているのは軍部であり、その強圧のもとに八日の御前会議の決定があったのである以上、いまはそれが遂行すべき国策となっている。その軍部がソ連仲介の和平案をたやすく呑むとは到底考えられない。軍中堅以下が猛り狂い、即座にクーデタの挙にでようとするであろうことは十二分に予想されることである。その軍部を抑えることができるものがあるとすれば、天皇すなわち軍の統領である大元帥陛下のほかにあるはずはないのである。

それで、以下はわが仮説ということになる。天皇が、たとえ自分の身はどうなってもいい、この悲惨な戦争を終結させなければならないと覚悟を決めたのは、もう少し先のことになるのである。ただし、この仮説を証明すべき確たる史料があるわけではない。ただこんどの『実録』で、かなりその状況証拠的なものが補強されてでてきたような気がするのである。とにかく、話をさらに進めてみる。

実は木戸との会談の終わった直後に、同九日、天皇は重要な報告をうけている。

午後三時、御文庫において本日満洲より帰京の参謀総長梅津美治郎に謁を賜い、一時間以上にわたり関東軍・支那派遣軍・第十七方面軍の軍状等につき奏上を受けられる。梅津は大陸作戦に関する命令伝宣と軍状聴取のため、去る六月一日に米子を出発、朝鮮京城において第十七方面軍司令官上月良夫と連絡を取り、四日大連に到着、同地において関東軍総司令官山田乙三・支那派遣軍総司令官岡村寧次と会談する。

見るとおり『実録』は梅津総長が奏上した報告内容については何ら記すところがない。ただ、寡黙な軍人として定評ある梅津との会談が「一時間以上にわたり」と、時間の長さを示すことで、それが重要なものであった(らしい)ことを語っているばかりであるが。

ただし、これもいくつかの資料を閲《えみ》することで補足的に知ることはできる。このとき、梅津は視察してきた満洲と中国の戦力の驚くべき実態をあからさまに報告した。

「満洲と中国にあります兵力は、すべてを合しましても、米軍の八個師団ぐらいの戦力しかありません。縦深《じゅうしん》戦力は内地の五分の一程度であり、しかも弾薬保有量は近代的な大会戦をやれば一回分しかないのであります」

天皇はいった。

「内地の部隊は在満支部隊よりはるかに装備が劣るという。それでは統帥部のいう本土決戦などならぬではないか。」

さらに十二日、天皇はこれもあまりに率直な、衝撃のより大きい報告をうけとった。大命によって査察官として三カ月間、日本本土の兵器廠、各鎮守府、そして航空基地をみて回った海軍大将長谷川清が、戦力のすべてを喪失している海軍の現状を報告したのである。

表拝謁ノ間において海軍戦力査閲使長谷川清に謁を賜い、第一回・第二回の戦力査閲に関する復命を受けられる。

これも残念ながら『実録』は簡潔にすぎる。ほかの史料で補えば、長谷川の報告はこのような内容のものであったという。

「自動車の古いエンジンをとりつけた間に合わせの小舟艇が、特攻兵器として何千何百と用意されているのであります。このような事態そのことがすでにして憂うべきことであります以上に、そのような簡単な機械を操作する年若い隊員が、欲目にみても訓練不足と申すほかはありません」

長谷川のいわんとしているところは、兵器も人員も底をついている〝事実〟である。小舟艇とは「震洋」と名づけられた特攻兵器で、航空兵力を消耗しつくした日本海軍の虎の子の兵器である。それがその有様で、なお本土決戦必勝と呼号せねばならないとは。

長谷川はつづけた。「動員計画も、まことに行き当りばったりの杜撰なものでございまして、浪費と重複以外のなにものでもありません。しかも、機動力は空襲のたびに悪化減退し、戦争遂行能力は日に日に失われております」

天皇は耳を傾けていたが、老提督の報告が終わるといった。

「そんなことであろうと想像はしていた。お前の説明でよくわかった。本当にご苦労であった」

天皇のこれまでの事実認識は音をたてて崩れ落ちた。陸海軍統帥部のしてきた戦況報告は、大元帥を安心させるための、虚偽と言い逃れと欺瞞にみちている。というより、それ以外のなにものでもなかった。陸軍の豪語する「本土決戦の大勝利による有利な講和」は幻想であることが確実となった。

さらに六月十四日、天皇は皇后とともに赤坂離宮に貞明皇后を訪ねている。

午後一時三十分、皇后と共に御出門になり、赤坂離宮東門より御苑内に入られる。僊錦閣付近において皇太后のお出迎えを受けられる。皇太后の御案内により、皇后と共に大宮御所の焼け跡を御覧になる。ついで御苑内の御文庫において茶菓を共にされ、御談話になる。同所において参邸の崇仁親王妃百合子及び甯子内親王と御対面になる。三時四十三分、皇后と共に還幸される。

例によって『実録』は天皇と母皇太后との話の内容にまでは踏みこまない。ゆえにまたほかの史料などに拠るほかはない。天皇はこの日、午前中より気分がすぐれず、外交に関する進講も途中で中止せねばならなかった。が、何事にも几帳面な天皇は予定を変えず、無理をおして母君の戦災見舞いに出かけたのである。天皇は心から大宮御所焼失を詫び、この上になお災禍の及ぶことを恐れて、軽井沢への疎開をお願いした。すでに何度も皇后の口を通してすすめてきたことなのである。

しかし、貞明皇太后ははっきりとそれを断わった。

「私は何があろうとこの帝都を去らない」

天皇は、この母君の強い拒絶に胸の張りさける想いを味わった、と思う。天皇の洩らした言葉がたった一つ史料に残されている。「おたたさまは、わかってくださらなかった」。本土決戦となれば、首都東京は最大の攻撃目標となる。宮城をめざすアメリカ軍の重戦車のキャタピラの響き、飛び交う大小の銃砲弾と火焔放射器の紅蓮《ぐれん》の炎。そのなかに母皇太后を巻きこまなければならないのか。

宮城へ帰ると、天皇は倒れた。胃腸を害し、戦争がはじまっていらい休んだことのない政務を休んだ。翌十五日は、一日中、天皇は病床にあった。「聖上昨日より御不例に渡らせらる」と海軍の侍従武官野田六郎の日記にあり、陸軍の侍従武官尾形健一の日記にも「聖上昨日より御気分悪く数回下痢遊ばされ、今日は朝より御休養なり」とある。『実録』も「昨日よりの御不例のため、この日終日御仮床になる」と一行だけ記している。

このわずかな時間ながら、天皇は何を考え何を悩み、そして何を決意したか。それは想像する以外にはない。しかし、健康を回復し十六日午後になって再び政務室に姿を現わしたとき、その顔は和平の方へと向けられていたのではないか、とわたくしはみる。

そして六月二十日となった。『実録』を少し長く引用することとなる。

> 午後、御文庫に内大臣木戸幸一をお召しになり、時局収拾策のその後の経過につき御聴取になる。内大臣は、首相より聴取した一昨十八日の最高戦争指導会議構成員会議の模様として、陸相及び両総長が本土決戦の機会に挙げ得る戦果の上に平和交渉を行うべきことを論じたものの、平和への機会獲得に努力することに異存はなく、一同の意見が一致した旨を言上する。
> 午後三時、御文庫において外務大臣東郷茂徳に謁を賜い、一昨十八日の最高戦争指導会議構成員会議において申し合わせの、戦争の終結に関して我が方に有利な仲介をなさしめる目的を以て日ソ両国間に協議を開始する件五月十一日・十二日・十四日の最高戦争指導会議構成員会議申し合わせの第三項につき奏上を受けられる。これに対し、戦争の早期終結を希望する旨の御沙汰を下される。

木戸私案が最高戦争指導会議の構成員全員（首相・外相・陸相・海相・参謀総長・軍令部総長）に伝わり、一同の意見一致をみたということを確認してから、天皇は東郷外相をよんでくわしくソ連仲介による和平工作のことを聞いている。その奏上をうけて天皇は、『実録』によると、「戦争の早期終結を希望する旨」を外相に伝えたということになっている。これを東郷の著『時代の一面』（原書房）で確認すると、どうしてそのように考えるにいたったかについてまで言及し、天皇はもっときちんと外相に自分の強い希望を伝えている。

「戦争に就きては、最近参謀総長、軍令部総長及び長谷川大将の報告に依ると、支那及び日本内地の作戦準備が不充分であることが明らかとなったから、成るべく速かに之を終結せしむることが得策である。されば甚だ困難なることとは考ふるけれど、成るべく速に戦争を終結することに取運ぶやう希望する」

ここで肝腎なことは、宣戦あるいは講和の権は、憲法によってきめられた天皇大権であるということ。陸海軍を統率する大元帥としてではなく、本土決戦の国策を指揮する大元帥をのりこえて、その天皇大権を行使しようという天皇の姿勢が、この発言のなかに明瞭に示されている。天皇は立憲君主としての天皇と、軍隊統帥君主としての大元帥という二つの側面をもっていた。いま、政略を戦略の上位におき、徹底抗戦の方針を転換し、和平への模索を、大元帥にして大天皇が希望するのである。それこそが天皇の和平への意思が明確になったとき、とすることは決して誤ってはいないと考えている。

そして『実録』は、実に面白いことをわざわざというか、丁寧に書き残している。

夜、皇后と共に観瀑亭・丸池付近にお出ましになり、一時間にわたり蛍を御覧になる。

〝戦う大元帥〟としてではなく、しっかりと〝和平を希求する天皇〟として、その夜の蛍を天皇は心ゆくまで楽しんで眺めていたのであろう。

翌二十一日、木戸内大臣は天皇に奏上する。ソ連を仲介とする和平工作をすすめるためにも、もう一度、最高戦争指導会議の構成員をよび集めることが必要である、と木戸はいった。

「その席で、八日の御前会議の決定を解除していただきませんと、和平工作をすすめるのが難しくなります」

天皇みずからが御前会議を召集し、国家の最高決定を無効にすることは憲政上前例のないことである。天皇はしばし考える風であったが、やがてぽつりといった。

「それはよろしい」

鈴木首相にもいよいよ強まっていく天皇の意思が伝えられる。〝鬼貫太郎〟の異名をもつ鈴木もいよいよそのときがきたか、と思いを定めた。首相就任いらい覚悟していた統帥権に首相が口出しせねばならないときが来たの思いなのである。

こうして、慎重の上に慎重を期してお膳立てをととのえて、天皇みずからの召集による御前会議が六月二十二日午後三時五分から開かれた。首相以下、六人の戦争指導者は、これまでの御前会議のときと違って、天皇を中心にしてU字型に用意された椅子についた。御前会議ではなく、親しく懇談という意をふくませ、憲法の責任内閣制に抵触しないように配慮されたのである。そして懇談ゆえに天皇はみずからが発言している。

『実録』は少しく丁寧にそのときの天皇の言葉もきちんと残している。

午後三時五分、表拝謁ノ間に最高戦争指導会議構成員の内閣総理大臣鈴木貫太郎・外務大臣東郷茂徳・陸軍大臣阿南惟幾・海軍大臣米内光政・参謀総長梅津美治郎・軍令部総長豊田副武をお召しになり、懇談会を催される。天皇より、戦争の指導については去る八日の会議において決定したが、戦争の終結について

> も速やかに具体的研究を遂げ、その実現に努力することを望む旨を仰せになり、各員の意見を御下問になる。首相より戦争終結の実現を図るべきこと、ついで海相より戦争の終結に関して我が方に有利な仲介をなさしめる目的を以て日ソ両国間に協議を開始すべきこと、また外相はソ聯邦に対する代償及び講和条件については相当の覚悟を要すべきこと、さらに参謀総長より対ソ交渉に異存はなきも、その実施には慎重を要することなど、それぞれ意見の言上あり。天皇は重ねて参謀総長に対し、慎重を要するあまり時期を失することなきやとお尋ねになり、速やかな交渉の実施を要する旨の奉答を受けられる。三時三十五分、入御される。

会議は、何から何まで型破りであった。しかも、たったの三十分間。が、まさしく、日本の指導者たちの眼がはじめて和平の方向に向けられたのである。理性を戦場から拾いあげるときがやっと訪れたのである。

その翌日、沖縄での戦いは日本軍の潰滅をもって終了した。それが国民に知らされたのは三日後の二十五日、新聞はこのとき、「玉砕」の言葉を使わず、「軍官民一体の善戦敢闘三カ月、二十日敵主力に全員最後の攻勢」と報じた。国民はひとしくつぎは本土が戦場になり「最後の一兵まで」戦うことの覚悟を新たにした。

降伏が決定したとき——八月十日の御前会議

天皇の顔が真正面にそちらに向き、政府も必成の決意の下に和平工作に全力を傾注するようにはなったが、歴史とはまっすぐには進まない。溺れるものはワラをもつかむ、という格言があるが、日本が頼みとしたソ連がその一本のワラにもならなかったからである。

ソ連はすでに二十年二月のヤルタ会談において、米英と、ドイツ降伏三カ月後の対日参戦を確約している。そうした歴史的事実は秘されたままに、兵力のアジア方面への移動をソ連軍は着々とはじめている。したがって、日本からの仲介依頼のための折衝にも、なにやかにやと理由をつけて確答をひきのばしていたのである。日本政府も軍部も、そうした国際情勢の動きをまったく知らないままに、ひたすらそのソ連を仲介とする和平工作に一縷の望みをかけていた。

七月二十七日朝、連合国から発せられたポツダム宣言が東京の中枢を揺るがしたときも、指導層が何より気にしたのは、そこにソ連首相スターリンの名前の有無であった。それも已むを得ないことであったといえる。そして、日本の降伏を勧告する宣言に、スターリンの名はない、すなわちソ連が関与していない、ということに胸をなでおろした。ソ連がこのままずっと中立を維持することを意味するのではないか、という分析がそこから生まれたのである。宣言は受諾すべきかもしれない。しかし、すでに行なわれている和平の仲介依頼という対ソ工作を放置して即時受諾は好ましくはない。しばらく様子をみることが日本のとるべき賢明の策であろう、という結論に指導者たちは達したのである。

そして天皇も。『実録』七月二十七日にこう記されている。

午前十一時十分より同五十五分まで、御文庫において外務大臣東郷茂徳に謁を賜い、対ソ交渉の経過、英国総選挙の結果につき奏上を受けられる。また外相より、ポツダム宣言の詳細な内容、同宣言に対する我が方の取り扱いは国内外共に慎重を要すること、殊に宣言の受諾を拒否する如き意思の表示は重大な結果を惹起する懸念があり、なお戦争の終結についてはソ聯邦との交渉を見定めた上で措置することが適当と思考する旨の奏上あり。午後、御文庫に内大臣木戸幸一をお召しになり、五十分以上にわたり謁を賜う。

東郷の手記にも同じことが書かれているし、『木戸日記』には談話の内容についてはいっさい何も書かれていない。天皇も政府の方針に全面的に賛同したとみるほかはない。

こうして政府の態度は〝静観〟にきまった。しかし、いまになってみると、ここに大きな錯誤があった、ということになる。ポツダム宣言は、その終わりに厳然と声明している。「吾等は、右条件より離脱することなかるべし」。つまり、それ以外にはいかなる交渉にも工作にも応じないというのが連合国の意思であった。にもかかわらず、最高戦争指導会議でも閣議でも、これを〝最後通牒〟とみなしたものはひとりもいなかった。また、この通牒には何ら時日の制限がつけられていない。それを〝即決をせまられている〟と判断したものもいなかった。

こうして、また待つ時間がつづいた。

とくに鈴木首相が、戦争を一気に終結にもっていく機が訪れていないとみていた。国民的熱狂がまだそれを許さない。国民はだれもがあらんかぎりの力をつくして戦い、自分と家族の生命を守ろうとしている。かりに反戦思想をもつ人がいたとしても、空襲や沖縄の戦いで無残にも死んでいった人にたいして、特攻隊の若者にたいして、なんらかの負い目をもたずにはいられなかった。共通の危難を背負った国家という共同体があるとき、共同体と個人のどちらに重い真実があるのか、それを簡単に割り切れる人があろうはずはなかった。

しかも、その背後に強力な武力をもつ陸軍があった。彼らに本土決戦、徹底抗戦の計画を捨てさせるための、はたしてどんな妙薬があるというのか。

あるいは天皇もそう考えていたのではないかと思われる。『実録』には、八月一日に御文庫において鈴木首相に会い「約一時間にわたり」話し合ったことが記されているが、これはもっぱらソ連仲介の和平工作のその後の進み具合と、とにかく一日も早い実現を天皇が督促したものであったとみる。四日の、東郷外相あてのモスクワの佐藤尚武《なおたけ》駐ソ大使から打ってきた電報が、何よりもそのことを証明する。それはむしろ泣訴《きゅうそ》に近いものといえるかもしれない。

「講和条件のいかなるものなるべきやは、ドイツの例に観るまでもなく、多数の戦争責任者を出すことも、あらかじめ覚悟せざるべからず。さりながら今や国家は滅亡の一歩前にあり。これら戦争責任者が真に愛国の士として、従容帝国の犠牲者となるも真に已むを得ざるところとすべし」

そうした動きのとれない状況下において、八月六日午前八時十五分、広島に原子爆弾が投下されたのである。

東京にある日本の中枢で、広島壊滅の報をいちばん早く知ったのは海軍省である。八時三十分、呉鎮守府よりの第一報がとどいたのである。海軍省は正午ごろには調査団の派遣を決定している。ところが、天皇がそのことを知らされたのは『実録』によれば午後七時五十分、蓮沼蕃《しげる》侍従武官長の報告によって、ということになっている。「市街の大半が倒潰、第二総軍参謀李鍝《りぐう》公を含む軍関係者が死傷するなど、被害甚大である旨」というのである。また、〝特殊弾攻撃〟という報告で、天皇がこれが原子爆弾であると知るのは翌七日になってからのことであった。

さらに翌八日になって、いちばん重要と思われることが『実録』にでてくる。折から東京に空襲警報が発令中で、天皇は御文庫付属の地下防空壕にあり、そこで決意の色をありありと顔に浮かべた東郷外相と会っている。外相は原子爆弾にかんする昨日からのアメリカからの放送をくわしく報告し、短波は狂ったように原子爆弾《アトミック・ボム》とくり返していると上奏する。天皇はすべてを承知し、すでに重大な決意をかためていた。『実録』はこう記している。

午後四時四十分、御文庫附属室において外務大臣東郷茂徳に謁を賜い、昨七日傍受の新型爆弾に関する敵側の発表とその関連事項、及び新型爆弾の投下を転機として戦争終結を決するべき旨の奏上を受けられる。これに対し、この種の兵器の使用により戦争継続はいよいよ不可能にして、有利な条件を獲得のため戦争終結の時機を逸するは不可につき、なるべく速やかに戦争を終結せしめるよう希望され、首相へも伝達すべき旨の御沙汰を下される。外相は拝謁後、首相に御沙汰を伝達し、最高戦争指導会議構成員会議の招集を申し入れる。

天皇ははっきりといったのである。

「有利な条件を得ようとして大切な戦争終結の時機を逸してはならない」

そして、このことを鈴木首相に伝えよ、と命ぜられた東郷はその足で首相官邸をたずねた。鈴木は天皇の降伏決意の言葉を聞き、その日のうちに最高戦争指導会議をひらこうとしたが、一、二の構成員の都合がわるく翌朝に延期せざるを得なかった。

八月九日午前三時、迫水久常書記官長は同盟通信海外局長からの緊急電話で起こされた。

「たいへんです！　サンフランシスコが、ソ連が日本に宣戦布告をした、と放送をしております」

受話器をにぎる迫水の手が震える。日ソ中立条約は、廃棄の通告があったとはいえ、来年三月まで有効ではないのか。しかも、和平斡旋に一度は色気をみせたソ連が、まさかかかる背信行為をするとは、という思いである。

夜が明けると、さまざまな情報と閣議での諸資料をたずさえ、書記官長は首相私邸に飛んだ。鈴木首相は冷然として、「来るものが来ましたね」といった。

午前五時、私邸には東郷外相も駈けつけてきた。首相は外相の顔を見すえて、ぽつんといった。

「この戦《いく》さは、この内閣で始末をつけることにしましょう」

内閣がすすめてきたソ連を仲介とする和平工作が完全に失敗したのであるから、鈴木内閣は総辞職するのが、それまでの政治常識であった。書記官長は首相と会うなり、そのことをいった。首相のこの言葉は、そんな常識を無視し、みずから火中の栗を拾うことを決意したものであった。

このソ連参戦の驚くべき事実に直面したときの天皇は、どのような反応を示しているか、『実録』は、まず午前九時三十七分、御文庫において梅津参謀総長からの戦況奏上でそのことを知ったと記したあと、天皇がいかに積極的にこの事態に対処しようとしたか、つまり和平を進めようとしたかをかなり詳細に記している。

午前九時五十五分、御文庫に内大臣木戸幸一をお召しになる。内大臣に対し、ソ聯邦と交戦状態突入につき、速やかに戦局の収拾を研究・決定する必要があると思うため、首相と十分に懇談するよう仰せになる。十時五十五分、再び御文庫に内大臣をお召しになる。内大臣は、首相より本日午前十時三十分に開催の最高戦争指導会議においてポツダム宣言に対する態度を決定したきことを聴取した旨を言上する。午前十時、御文庫において海軍大臣米内光政に謁を賜い、奏上を受けられる。

そして宮中で最高戦争指導会議がひらかれたのが午前十時半。会議は冒頭に、広島への原爆といいソ連参戦といい、「これ以上の戦争継続は不可能であると思う」といいきった鈴木首相の言葉ではじまったが、あとは重苦しい沈黙の支配するままましばしの時間がたった。と、いきなりいつもは口数の少ない米内海相が大声でいった。おそらく直前の天皇との話し合いの意をうけてのものであったであろう。

「黙っていてはわからないではないか。どしどし意見をのべたらどうだ。もしポツダム宣言受諾ということになれば、これを無条件でうけ入れるか、それともこちらから希望条件を提示するか、それを論議しなければならぬと思う」

この発言で、会議はポツダム宣言を受諾するという前提のもとに、つけ加える希望条件の問題に入ってしまった。そして結果として、いまほぼわかっているのは、海相と外相とが、(一)天皇の国法上の地位を変更しないことだけを条件として、ポツダム宣言受諾説をとった。たいして陸相、参謀総長、軍令部総長は、(一)の条件のほかに、(二)占領は小範囲、小兵力で、短期間であること、(三)武装解除と、(四)戦争犯罪人処理とは日本人の手にまかせること、以上四条件をつけることを主張した。そして鈴木首相はとくに意見をいわなかったが、どちらかといえば海相・外相説に近かった、ということである。それで議は紛糾し、結論はでなかった。それが定説になっている。

ところが、『実録』には妙なことが書かれている。

午後一時三十分、内閣総理大臣鈴木貫太郎は内大臣木戸幸一を訪問し、本日午前十時三十分から午後一時にかけて開催された最高戦争指導会議構成員会議において、天皇の国法上の地位存続、日本軍の自主的撤兵及び内地における武装解除、戦争責任者の自国における処理、保障占領の拒否を条件にポツダム宣言を受諾することに決定した旨を告げる。

すなわち、このときの戦争指導会議では、四条件をつけることでポツダム宣言を受諾することに決した、という風に読める。これまでの定説とはまったく異なっている。さらに『実録』はこのあと木戸内大臣がこの決定を高松宮と近衛文麿に伝え、その二人からの〝四条件では交渉難航の懸念あり〟の意見を聞き、また前外相重光葵が木戸を訪ね、「現在の条件では交渉決裂は必至にして、天皇の聖断により条件を決するよう善処」されたいの意見を直接に伝えた。これを木戸が諒承し、そして午後四時四十三分、これらの意見を天皇に伝えた、という風に複雑な経過を記している。

さらに『実録』は興味深いことを書く。

前外務大臣重光葵は内大臣と会見後、外務大臣東郷茂徳を訪問し、ポツダム宣言の受諾の条件緩和につき尽力を依頼する。本日午後六時頃より再開の閣議において、外務大臣よりポツダム宣言の受諾のための四条件を緩和し、天皇の国法上の地位存続のみに限るべき旨が提議されたため、他の三条件の追加を主張する陸軍大臣との間に数刻にわたり議論の応酬あり、多数の閣僚は外務大臣の主張に賛成するも結論に至らず、九時に閣議は一旦散会する。

これが事実とすれば、午後六時からの閣議で阿南陸相が憤然として外相に食ってかかるのは当然であったであろう。最高戦争指導会議で四条件と議決したことを、外相が閣議でひっくり返して一条件にするとは何事であるか、ということになるからである。閣議がまたしても揉めに揉めたことがよくわかる。そして東郷の著『時代の一面』には、最高戦争指導会議では「閣議も予定されて居たので総理は此問題は閣議にも諮《はか》る必要があるからと述べ、決まらない儘《まま》にして閣議に赴いた」とあり、閣議の前に重光前外相と面談したことなど記されていない。『実録』とは異なった回想となっている。

その上にこのあと、『実録』には一瞬目を疑うことが記されている。

午後十時五十分、御文庫において内大臣木戸幸一に謁を賜い、内閣としてはポツダム宣言の受諾条件の原案を天皇の国法上の地位存続のみに限ることに変更した旨の情報につき言上を受けられる。

これでは閣議において一条件と決したことになる。そう読める。単なる「情報」にすぎないとしても、天皇にその重大なことが伝えられたことになる。そうであるなら、このあとひらかれる御前会議において、天皇がわざわざいわゆる第一回の聖断を下す必要はなかったことになる。閣議の決定、つまり国策は一条件をもってポツダム宣言と決していたことになるのであるから。いや、『実録』はそれは単なる「情報」でしかなかった、というのであろう。それにしてもその「情報」を木戸に伝えたのはいったい誰であったのであろうか。

歴史を正しく書くことの難しさはここにある。わたくしがいままでにいろいろな史料や直接の当事者の談話などをもとに書いてきた『日本のいちばん長い日』や『聖断』とはかなり違う〝事実〟、いや〝情報〟がこんどの『実録』のこの部分にある。最高戦争指導会議では四条件、それが閣議ではひっくり返って一条件（ただし情報）では、十日の午前零時三分からひらかれたポツダム宣言受諾に関する御前会議は、いったい何を決定するためにひらかれたのか。

ところが、である。『実録』はその御前会議の模様については、これまでの定説のように書いているのである。ここは長く引用することになる。

会議ではポツダム宣言の受諾につき、天皇の国法上の地位存続のみを条件とする外務大臣案《原案》と、天皇の国法上の地位存続、日本軍の自主的撤兵及び内地における武装解除、戦争責任者の自国における処理、保障占領の拒否の四点を条件とする陸軍大臣案とが対立して決定を見ず、午前二時過ぎ、議長の首相より聖断を仰ぎたき旨の奏請を受けられる。天皇は、外務大臣案《原案》を採用され、その理由として、従来勝利獲得の自信ありと聞くも、計画と実行が一致しないこと、防備並びに兵器の不足の現状に鑑みれば、機械力を誇る米英軍に対する勝利の見込みはないことを挙げられる。ついで、股肱の軍人から武器を取り上げ、臣下を戦争責任者として引き渡すことは忍びなきも、大局上三国干渉時の明治天皇の御決断の例に倣い、人民を破局より救い、世界人類の幸福のために外務大臣案にてポツダム宣言を受諾することを決心した旨を仰せになる。午前二時二十五分入御される。終わって内大臣木戸幸一をお召しになり、聖断の要旨を御内話になる。三時、御格子になる。

御前における最高戦争指導会議の決定案は、枢密院議長の主張により「天皇ノ国法上ノ地位」の部分が「天皇ノ国家統治ノ大権」へと修正された後、午前三時より開催の閣議において正式に決定される。午前九時、外務大臣よりスイス・スウェーデン各国駐箚の帝国公使に対し、左のとおり緊急電報が送付され、スイス国政府を通じて米国政府及び支那政府に対し、スウェーデン国政府を通じて英国政府及びソ聯邦政府に対し、それぞれ伝達方が要請される。

帝国政府ハ昭和二十年七月二十六日米、英、支三国首脳ニ依リ共同ニ決定発表セラレ爾後蘇聯邦政府ノ参加ヲ見タル対本邦共同宣言ニ挙ケラレタル条件中ニハ天皇ノ国家統治ノ大権ヲ変更スルノ要求ヲ包含シ居ラサルコトノ了解ノ下ニ帝国政府ハ右宣言ヲ受諾ス

大日本帝国の降伏は決定された。午前二時二十五分と『実録』は記しているが、その夜は輝か

しい月が中天にかかり、宮城の庭の老松の葉影が一本ずつ数え得るほど明るかったという。この夜は空襲はまったくなかった。

ここで、ごく最近入手した興味深い情報を書くことにする。軍事科学史・数学史を研究して著書もある木村洋氏から教えられたものである。岩波書店刊の雑誌『世界』昭和三十年八月号に載った座談会「開戦から終戦まで――日本外交の回顧」で、元外務省欧米局長堀田正昭がこんな発言をしている。

「これはあとで有田君に聞いたのですが、陛下は石渡宮内大臣に当時の模様を御述懐になって、「政府と軍部との意見が本土決戦に一致し、その通りに裁可しなければならなくなっては困ると心配していたが、意見不一致のまま総理大臣から自分に判断を仰いできたので、自分が決定することになって安心した」と御話しになったということです。政府の責任を尊重して施政に干渉なさらないという、その点は非常に厳格であったようですね」

この座談会には有田八郎元外相も出席している。その有田が堀田発言を訂正してはいない。堀田の聞き間違いではないといっていい。さらには憲法重視の昭和天皇らしさがよくでている発言でもある。政府・軍部一致して決定してきた国策にはノウといわないのである。そのことについては何度も書いてきた。

そう考えると、戦争終結がほんとうに剣の刃渡りのような危険をやっと乗りこえて達せられたものであったことがよくわかる。『実録』が記すのと違って、一条件か四条件かは最後まで紛糾した大問題であったと思えてならない。そしてギリギリのところで、天皇みずからがいう「国民にこれ以上塗炭の苦しみを味わわせぬために」も、天皇の名においてはじめられた戦争を、たとえ憲法上のルールに反しようとも、天皇の意思によって収拾して頂こう、それには御前会議を要請し、その席上で天皇の意思を聞く……死刑を覚悟でそう思い定めた鈴木貫太郎の決断を、わたくしはやっぱり心から崇敬したいと思う。

戦争はこうして終わる――八月十四日の御前会議

八月十一日は、九日から十五日までの激震の一週間のなかで、中休みに似た空白の一日になった。しかもこの日は終日、日本全国のどこにも空襲警報がなく、連合国からの回答を待つほかのない一日ともなった。

翌十二日は日曜日である。時計の針が午前零時を回って十二日を指した直後の零時十二分、東京に空襲警報が発令される。『実録』に注目すべき記載がある。

午前零時十二分空襲警報発令とともに、新型爆弾搭載の米軍爆撃機**B29**侵入との情報接到につき、直ちに皇后と共に御文庫附属室に御動座になる。同三十分、空襲警報解除につき、御文庫に還御される。

当時、原爆を新型爆弾として新聞などで発表されていた。それに合わせてこの名称で記したのであろうが、原爆搭載のB29が東京に向かっているとの情報は確かにあったのである。結局は何事もなかったのであるが、この騒ぎは和平推進派の背中を押すことになったように考えられる。

そして空襲警報の解除の直後に、サンフランシスコ放送が日本のポツダム宣言受諾の申し入れにたいする連合国側の回答を流してきた。米国務長官の名を付したいわゆるバーンズ回答である。これに接していち早く反応したのが陸軍統帥部であったことを『実録』は記している。

午前八時四十分、御文庫において参謀総長梅津美治郎・軍令部総長豊田副武に謁を賜い、当面の作戦につき奏上を受けられる。また両総長より、サンフランシスコ放送を通じて入手のバーンズ回答の如き和平条件は断乎として峻拒すべきであり、統帥部としては改めて政府との間に意見の一致を求め、聖断を仰ぎたき旨の奏上を受けられる。両総長によれば、峻拒すべき理由は、降伏の瞬間より天皇及び帝国政府が聯合国最高司令官に従属すること（第一項）、全陸海軍の武装解除（第一項）、国民の自由意思に従う政体の樹立（第四項）、日本国内における聯合軍の駐屯（第五項）にあり。

軍部が強硬に反撥し、御前会議決定を白紙に戻すことの理由の第一にあげたのは、回答文中にある subject to の一語にある。中堅クラスの参謀や部員はこれをずばり「隷属する」と訳した。こう訳せば「天皇および日本国政府の国家統治の権限は……連合国軍最高司令官に隷属するものとす」となる。これをそのまま受諾するということは、

「国体の根基たる天皇の尊厳を冒瀆《ぼうとく》しあるは明らかでありまして、わが国体の破滅、皇国の滅亡を招来するものであります」

と両総長は力をこめて説くのである。

この闘志を燃えたぎらせての奏上にたいして、東郷外相が参内し政府見解を奏上したのは十一時すぎ。後手を踏みすぎている。しかも、外務省幹部はこのsubject toを「どうせ軍人たちはこっちの訳文だけをみて判断するであろうから」ときめてかかり、傑出した名訳を案出していた。「制限の下におかる」である。

ところがこんどばかりは違ったのである。軍部は自分たちでウェブスターの大辞典を引き、その第一義の訳をすでに採用していた。すでに彼らの訳出した「隷属する」でいかにして国体が護持できようかと、官僚たちがどうのこうのという以前に、クーデタも辞さずとの強硬な意見に陸軍省も参謀本部も一致してしまっていた。

午後三時からひらかれた閣議は、それゆえに俄然、はじめから険悪かつ重苦しい空気に包まれた。即時受諾の東郷外相案、全面反対の阿南陸相案、それと国体護持確認のための再照会案とが入り乱れ、議は紛糾の上に紛糾した。陸軍の訳文が思いもかけぬ力を示しだした。特別に列席の平沼騏一郎枢密院議長がとくに強烈な受諾反対論をとなえだした。それに煽られたかのように何人かの閣僚が動かされ、強硬論をぶつようになった。東郷外相は躍起となる。

「再照会などすれば、すべては御破算になる。とんでもない話だ」

阿南陸相は厳然としていい放った。

「このままこれを認めれば日本は亡国となり、国体護持も結局は不可能になる」

閣議の流れはいつか再照会説が大勢を占めようとした。東郷はついに勘忍袋の緒を切ったようにいい放った。

「われわれはサンフランシスコ放送による回答にたいして議論している。正式文書でもない回答を前にいろいろ議しても、それはナンセンスというものではないか。総理、この閣議を正式の回答がくるまで休憩にすることを提議いたします」

鈴木首相があっさりいった。

「それがいい、そうしましょう」

閣僚はだれもがホッとした。確信をもって答えることのできない議論を重ねれば重ねるほど、自分の本心や真意とはかかわりのない無責任なことを、口に出して主張しかねない不安を感じていたからである。

しかし、追いつめられた大日本帝国に〝休憩〟の余裕などのあるわけはない。ソ連軍の進攻はつづき、「ポツダム宣言受諾するやも知れず」の電報に激昂した外地の軍からは、つぎつぎと徹底抗戦を訴える意見具申電が大本営に打ちこまれてきた。それよりも何よりも陸軍中央の抗戦派幕僚らによるクーデタ計画は綿密に練りあげられつつあった。一触即発の危険は眼にみえて色濃くなっていく。

この状況下において午後六時四十分、駐スイス公使より公電で、バーンズ回答の正式文書が外務省にとどけられた。それを手にしながら、東郷外相は松本俊一外務次官に、心身ともに疲れはてたように、「外務大臣を辞めるしかほかに方法はないようだ」といった。松本は冷静に、大臣を諫止《かんし》するとともに、和平推進派がもう一度態勢を建て直すためには、時間を稼ぐしかないのではないか、といった。そして、電信課づめの当直課員をよんだ。

「よいか、今夜とどけられる公式電報などどんなものでもそのまま手もとにおき、明朝来たことにする。これを厳守されたい」

次官はおごそかに命じた。それでスイスからのバーンズ回答電には、八月十三日午前七時着と麗々しく書きこまれた。

その十三日の朝があけた。

天皇は午前中から木戸内大臣、阿南陸相、梅津参謀総長、豊田軍令部総長、さらにまた木戸と、しきりなしにその奏上をうけている。ほとんど休む暇もない。そして午後になって、宮内大臣石渡荘太郎をわざわざよんで話し合っている。『実録』にはその内容についてはなんら記すところがない。しかし、わたくしはかつてこのときの模様を調べたことがある。このとき、天皇はやっと疎開することを納得された貞明皇太后に会いたい、という希望をのべた、ということなのである。天皇は、至急その手続きをとってくれるように、といい、

「自分はいま和平を結ぼうと思って骨を折っているが、これが成功するかどうか、正直にいってわからない。だから、あるいは皇太后様にお目にかかれるのも、こんどが最後になるかもしれない。一目お会いしてお別れを申し上げたい」

といった、という。石渡宮相は、天皇が決死の覚悟をしていることに強く打たれた。聖断がすでに下ったとはいえ、和平はなお遠いのか、と宮相は暗然たる思いに沈んだという。

それで推測を重ねてみると、『世界』誌上で堀田元欧米局長が伝聞として語っていた石渡宮相に天皇がのちに洩らしたというあの述懐は、このときの対話をうしろにおいてみると、なるほど

と納得させられるところが大きい。疑うところはまったくないように思われてくる。

この間にも、内閣のほうは朝から延々たる会議につぐ会議がつづけられている。鈴木老首相は疲労の色をみせず遠くなった耳を傾けている。論議は予想されたように甲論乙駁、それがはてしなくつづいた。

午後の三時から再びひらかれた閣議になって、首相が個別に閣僚の名をよび、一人ひとりの意見を訊きただすという意を決したような挙にでた。なかに指名されて「総理一任です」と答える大臣がいると、鈴木は「私はあなたの意見を聞いておるのです」と難詰するきびしさを示す。結果は、真っ向から受諾反対を主張したのは阿南陸相と安倍源基《げんき》内務大臣の二人だけであった。松阪広政司法大臣と安井藤治《とうじ》国務大臣が再照会論をとったが、結局は首相の方針に従うといった。のこりの閣僚は受諾に賛成した。が、内閣一致の決定とはならなかった。

すべての閣僚が意見をのべ、若干の熱心な意見の交換のあったのち、首相は立ち上るといつになく力強い声で、自分の意見をのべはじめた。

「私は先方の回答に受諾しがたい条件もあるように思い、背水の陣の決心もしましたが、再三再四この回答を読むうちに、米国は悪意あって書いたものではない、国情はたがいに違う、思想も違う、実質において天皇の位置を変更するものではない、と感じたのでありまして、文句の上について異議をいうべきではないと思う。このさい、字句を直せといっても、先方にはわかりますまい」

首相の言葉は諄々としていた。

「問題は国体護持であります。もちろん危険を感じておりますが、畏れ多いが、大御心はこのさい和平停戦せよとの御諚であります。もしこのまま戦えば、背水の陣を張っても、原子爆弾のできた今日、あまりに手遅れであるし、それでは国体護持は絶対に出来ませぬ。死中に活もあるでしょう、まったく絶望ではなかろうが、国体護持の上からみて、それはあまりにも危険なりといわなければなりませぬ。われわれ万民のために、赤子をいたわる広大な思召《おぼしめ》しを拝察いたさねばなりませぬ」

鈴木の言葉はなおも長くつづいた。そこには政治性ゼロといわれている鈴木の真情だけが溢れでていた。

「したがって、私はこの意味において、本日の閣議のありのままを申し上げ、明日午後に重ねて御聖断を仰ぎ奉る所存であります」

これが閣議の結論となった。六時半をすぎていた。

翌八月十四日、首相鈴木貫太郎の打った術《て》はまことにあざやかなものであった。そのことについて、わたくしは『日本のいちばん長い日』と『聖断』でくり返して書いている。昨日の閣議で「午後に」といった御前会議を午前中に、それも正規の御前会議であっては細かい手続きの問題があってひらけない、そこで六月二十二日の天皇みずからの召集による〝懇談〟という例の奥の手を使うことを、鈴木は決心したのである。『実録』はそのことをはっきりと記している。

午前八時三十分、御文庫において内大臣木戸幸一に謁を賜い、米軍機がバーンズ回答の翻訳文を伝単宣伝ビラとして散布しつつありとの情報に鑑み、この状況にて日を経ることは国内が混乱に陥る恐れがある旨の言上を受けられ、戦争終結への極めて固い御決意を示される。引き続き、特に思召しを以て内閣総理大臣鈴木貫太郎及び内大臣に列立の謁を賜う首相・内大臣の列立拝謁は従来その例なし。首相より本朝までの経過につき奏上を受けられる。さらに首相より、お召しによる御前会議の開催につき奏請を受けられ、これを御聴許になり、十時三十分よりの開催を仰せ出される。

ここにある「特に思召しを以て」の字句に、鈴木首相の参内が予定されていない突然のことであったかが示されている。そして天皇は、天皇召集の懇談形式の御前会議の「奏請を受けられ、これを御聴許」になったのである。

昭和十六年十二月一日の開戦決定の御前会議いらい、たえて行われなかった最高戦争指導会議の構成員と閣僚全員の合同の御前会議が、ここにひらかれることになった。しかも、正式の御前会議ではなく、天皇のお召しによる、という……。

合同を提案したのも首相である。

「もうここまで来たら一挙に終戦と決しましょう」

「そう」と木戸が和した。「私とあなたと、ほかに二、三名が生命を捨てればすむことですからね」

ただちに計画は実行に移された。「平服にてさしつかえなし、午前十時半までに吹上御苑に参集せよ」のお召しに、閣議のつもりで首相官邸に集っていた閣僚はもちろん、両統帥総長をはじめ関係者全員計二十四名が平服のままあわただしく参内した。

このとき、鈴木も木戸もまったく存じないことであったが、真に間一髪の危機を知らない間に脱していたのである。なぜなら徹底抗戦派の幕僚たちは前日の夜にクーデタ計画（正式には兵力使用第二案）を完整していたからである。「一、近衛師団を以て宮城をその外周に対し警戒し外部との交通通信を遮断す。二、東部軍を以て都内各要点に兵力を配置し要人を保護し放送局等を抑え、三、たとえ聖断下るも右態勢を堅持して謹しみて聖慮の御翻意を待ち奉る、四、（略）」というのである。

そして、この「要人の保護」とは鈴木、東郷、米内たち和平派要人のことで、これを午前十時より開催予定の閣議の席に兵力を乱入させて実行する計画になっていた。

『実録』には、天皇と直接関係のないことながら、なぜか丁寧に記されている。それも少しく違っているのではないか、と思われることが。

> なお前夜、陸相阿南惟幾は陸軍省軍務局軍事課長荒尾興功ほか陸軍将校五名よりクーデター計画を聴取し、その決行につき具申を受ける。この日午前七時、陸相は軍事課長とともに参謀総長に対し、本日午前十時より開催予定の御前会議の際、隣室まで押しかけ、侍従武官をして天皇を御居間に案内せしめ、他者を監禁せんとするクーデター計画兵力使用第一案の決行につき同意を求めるが、参謀総長は宮城内に兵を動かすことを非難し、全面的に反対する。

それはともかく、幕僚たちが想定していた首相官邸での閣議は行われず、一気に御文庫付属地下防空壕で御前会議開催となり、彼らのいう要人たちはつぎつぎに宮城に向かっている。恐らく、午後に予定されていた御前会議がくり上げられたと知らされたとき、抗戦派幕僚たちは「だまされた」と思ったに違いない。ふたたび聖断が下されるようなことがあれば、計画は完全に水泡と帰することはあまりにもはっきりしていた。

御前会議は十一時二分にひらかれた。天皇を正面にして、出席者は横に三列にならんでいる。あくまで天皇の召集によるという形式に合わせた。会議の劈頭《へきとう》、鈴木首相は、天皇に十三日の最高戦争指導会議と閣議の模様をくわしく申しのべ、意見はついに不一致に終わったので、この上は、反対意見を聴取のうえ、重ねて御聖断を下されるように、とお願いした。鈴木が着席すると、梅津、豊田、阿南がこもごも立って、「このままの条件で受諾するならば、国体の護持をおぼつかなく、よって是非とも再照会をこころみ、もし聴かれなければ、一戦をこころみて死中に活を求めるほかはない」旨を切論した。字義どおり声涙ともに下る上奏であった。以下、『実録』はくわしく天皇の言葉を記している。

三名の意見言上後、天皇は、国内外の現状、彼我国力・戦力から判断して自ら戦争終結を決意したものにして、変わりはないこと、我が国体については外相の見解どおり先方も認めていると解釈すること、敵の保障占領には一抹の不安なしとしないが、戦争を継続すれば国体も国家の将来もなくなること、これに反し、即時停戦すれば将来発展の根基は残ること、武装解除・戦争犯罪人の差し出しは堪え難きも、国家と国民の幸福のためには、三国干渉時の明治天皇の御決断に倣い、決心した旨を仰せられ、各員の賛成を求められる。また、陸海軍の統制の困難を予想され、自らラジオにて放送すべきことを述べられた後、速やかに詔書の渙発により心持ちを伝えることをお命じになる。十一時五十五分、入御される。

この第二の聖断における天皇の言葉は、これまでに知られたものとほとんど相異はない。わたくしは拙著において、下村宏情報局総裁の記述したものをいちばん忠実に写しとったものとして、全文を注記しておいた。そして、そのさい、これは日本国民に天皇が心から訴えたものと考え、そう書いておいた。が、いまは、よく知られた「耐え難きを耐え、忍び難きを忍び」に象徴される天皇の言葉は、陸海軍人を教え諭すための、いや、むしろ天皇の「どうか私の決断に従ってくれ」との軍部への懇願の言葉ではなかったかと考えている。

なぜ、そう考えを改めるにいたったかを、余談ながら書き添えておく。それは一つには『日本のいちばん長い日』にも注記しておいたものであるが、梅津参謀総長の当日の鉛筆書きのメモ（防衛研究所戦史研究センター蔵）にある。それによれば、天皇の発言は、

「自分ノ非常ノ決意ニハ変リナイ
内外ノ情勢、国内ノ情態、彼我国力戦力ヨリ判断シテ軽々ニ考ヘタモノデハナイ
国体ニ就テハ敵モ認メテ居ルト思フ　毛頭不安ナシ　敵ノ保護占領ニ関シテハ一抹ノ不安ガナイデハナイガ　戦争ヲ継続スレバ国体モ国家ノ将来モナクナル　即チモトモ子モナクナル
今停戦セバ将来発展ノ根基ハ残ル

武装解除ハ堪へ得ナイガ　国家ト国民ノ幸福ノ為ニハ明治大帝ガ三国干渉ニ対スルト同様ノ気持デヤラネバナラヌ
ドウカ賛成シテ呉レ
陸海軍ノ統制モ困難ガアラウ
自分自ラ『ラヂオ』放送シテモヨロシイ
速ニ詔書ヲ出シテ此ノ心持ヲ伝ヘヨ」
当日に記された記録はこれ一つではない。御前会議に列席した陸軍省軍務局長吉積《よしづみ》正雄中将の要旨メモがある。

「自分ノ此ノ非常ノ決意ハ変リハナイ。

内外ノ動勢、国内ノ状況、彼我戦力ノ問題等、此等ノ比較ニ付テモ軽々ニ判断シタモノデハナイ。

此ノ度ノ処置ハ、国体ノ破壊トナルカ、否《シカ》ラズ、敵ハ国体ヲ認メルト思フ。之ニ付テハ不安ハ毛頭ナイ。唯反対ノ意見(陸相、両総長ノ意見ヲ指ス)ニ付テハ、字句ノ問題ト思フ。一部反対ノ者ノ意見ノ様ニ、敵ニ我国土ヲ保障占領セラレタ後ニドウナルカ、之ニ付テ不安ハアル。然シ戦争ヲ継続スレバ国体モ何モ皆ナクナッテシマヒ、玉砕ノミダ。今、此ノ処置ヲスレバ、多少ナリトモ力ハ残ル。コレガ将来発展ノ種ニナルモノト思フ。

——以下御涙ト共ニ——

忠勇ナル日本ノ軍隊ヲ、武装解除スルコトハ堪エラレヌコトダ。然シ国家ノ為ニハ之モ実行セネバナラヌ。

明治天皇ノ、三国干渉ノ時ノ御心境ヲ心トシテヤルノダ。

ドウカ賛成ヲシテ呉レ。

之が為ニハ、国民ニ詔書ヲ出シテ呉レ。陸海軍ノ統制ノ困難ナコトモ知ッテ居ル。之ニモヨク気持ヲ伝ヘル為、詔書ヲ出シテ呉レ。ラジオ放送モシテヨイ。如何ナル方法モ採ルカラ」(『機密戦争日誌』)

この二つの当日のメモをよく読み、冷静に、そしてごく常識的に推理すれば、ともに、昭和天皇は陸海軍人に敗戦を納得させるために懇々と語りかけていると読めるのではないか。どちらにも「堪え難きを堪え、忍び難きを忍び」の言葉は記されていないが、これは思い起こせば八月九日の最初の聖断のときの言葉であった。いずれにしても『実録』に記されているように淡々たるものではなく、はげしい感動をともなった言葉であったことは間違いない。天皇もまた必死の想いであったのである。戦争終結がいかに真剣刃渡りのような危険を内蔵していたものであったことか、あらためて痛感させられる。

こうして、やっと戦争は終結した。

おわりに――歴史を学ぶということ

太平洋戦争は昭和十六(一九四一)年十二月八日からはじまった。あのときの政治・軍事の指導者たちの直線的な、熱狂的な考え方やおかれた政治状況からみれば、戦争という選択は不可避であったように思う。情けないことに、冷静にそして合理的に考える力を失っていたからである。その戦争を二十(一九四五)年八月十五日にどうにか終結させることができたが、そのためにどれほどの心労とエネルギーが費やされ、超人的な勇気が必要とされたことか。それはほんとうに想像を超えている。本書のなかで、戦争はある意味では感情的になってはじめるのは簡単だが終わらせることはそれこそ至難の大業であったと、わたくしは再三にわたって書いている。本書をまとめてみようと考えた主題はまさしくそこにあったのである。

しかし、わたくしの思いがいまの読者にわかってもらえたかどうか、あまり自信はない。なぜなら戦争の真実をほとんど知らない人がいまの日本人の八割を超えているからである。

たとえば、敗戦後まもなく、桜で知られる東京の隅田公園に大空襲のため亡くなった十万人余の慰霊塔を建立する計画のあったことを知る人はごく少数であろう。しかし、連合国軍総司令部(GHQ)の命令があり、東京都が許可しなかった。理由は当時は不明瞭であったが、慰霊塔は米国への憎悪を残すことになる、日本国民に早く戦争を忘れさせたいゆえであった、といまはGHQの占領政策によることが明らかになっている。

おそらく空襲で焦土となった日本各地の中小都市でも同じようなことがあったのではあるまい

か。

こうした戦後日本を蔽った空気がその後ずっと歴史を知らない数世代を生みだし、あれから七十年が経ったのである。〃歴史に学べ〃との声がしきりにくり返されても、歴史から何を学ぶかについての答えが容易ではないのはやむを得ないのである。

しかし、歴史としての戦争は忘れられてきたかもしれないが、亡国に導いた戦争の悲惨さと非人間的残酷さ、もう二度としてはならないという思いと願いとは、ずっと保持されて伝えられてきた。その思いと願いとが国家再建の機軸になって、廃墟からの再生、復興、そして繁栄への道を長く支えてきたことは確かなのである。結果として、平和な国でありたいという強い希《ねが》いが、戦場で一人も殺さず、殺されていない世界でも稀な国をつくりあげてきた。

戦後七十年たったいま、わたくしはこう考えている。大事なことは、「過去」というものはそれで終わったものではなく、実はわたくしたちが向き合っている現在、そして明日の問題であるということである。それなのに、何となく思考を停止し、単純で力強い言葉に動かされる、という風潮がいまの日本にある。そのうえに、平和が長く続いたため、日本人は歴史をきちんと認識していないとのイメージを諸外国にもたれているマイナスを忘れてしまっているのではないか、ということがある。

〃危機〃がいましきりに叫ばれている。もしかしたら起こるかもしれない事態について、歴史に学んできちんと予測し、冷静で明晰な思考をもって対処の道筋をみつける。そうすることで危機というものの正体がわかる。そういうものだとわたくしは思っている。そしてまた、歴史とは人間がつくるものであるから、危機にさいして人間はどんなことを考え、どんな風に行動するものか、歴史に学ぶことができる。歴史認識をきちんとしないことには、危機というよりは危険な感じだけで誤った判断をこれからもしてしまうことになる。

書くまでもなく、正しい歴史認識に必要なのは、歴史的リアリズムである。しっかりと過去を見つめながら、注意深く未来に歩を進めること、そうした冷静なリアリズムこそ、いまの日本人に切実に求められていることなのである。

本書がそのための一助ともなれば、ほんとうに嬉しく思う。国際的視野を失い孤立主義に陥ったまま戦争に突入し、まさに国家壊滅たらんとする寸前に方向感覚をとり戻し、やっとの思いで戦争を終結させた七十年前の歴史には学ぶべき多くの教訓がある。それを是非とも自分のものにしてほしいと思う。とくに若い人びとに。それを八十五歳の老骨は心から願っている。

（なお、『実録』以外の引用は、読みやすさを考慮して旧字を新字にし、カタカナをひらがなに変える、漢字をかなに改める、句読点を付す、などの改変をほどこしたものもある。）

本書で扱った御前会議出席者一覧（開催回、議題の有無は『昭和天皇実録』に基づく）

昭和十六（一九四一）年七月二日（第五回）　議題「情勢ノ推移に伴フ帝国国策要綱」
近衛文麿首相　平沼騏一郎内務大臣　松岡洋右外務大臣　河田烈大蔵大臣　東条英機陸軍大臣　及川古志郎海軍大臣　鈴木貞一企画院総裁兼国務大臣　杉山元参謀総長　永野修身軍令部総長　塚田攻参謀次長　近藤信竹軍令部次長　原嘉道枢密院議長　富田健治書記官長　岡敬純海軍省軍務局長　（武藤章陸軍省軍務局長は病気欠席）

同年九月六日（第六回）　議題「帝国国策遂行要領」
近衛文麿首相　豊田貞次郎外務大臣　田辺治通内務大臣　小倉正恒大蔵大臣　東条英機陸軍大臣　及川古志郎海軍大臣　鈴木貞一企画院総裁兼国務大臣　杉山元参謀総長　永野修身軍令部総長　塚田攻参謀次長　伊藤整一軍令部次長　富田健治書記官長　武藤章陸軍省軍務局長　岡敬純海軍省軍務局長　原嘉道枢密院議長

同年十一月五日（第七回）　議題「帝国国策遂行要領」
東条英機首相兼内務大臣兼陸軍大臣　東郷茂徳外務大臣　賀屋興宣大蔵大臣　嶋田繁太郎海軍大臣　鈴木貞一企画院総裁兼国務大臣　杉山元参謀総長　永野修身軍令部総長　塚田攻参謀次長　伊藤整一軍令部次長　原嘉道枢密院議長　星野直樹書記官長　武藤章陸軍省軍務局長　岡敬純海軍省軍務局長

同年十二月一日（第八回）　議題「対米英蘭開戦ノ件」
東条英機首相兼内務大臣兼陸軍大臣　東郷茂徳外務大臣兼拓務大臣　賀屋興宣大蔵大臣　嶋田繁太郎海軍

大臣　岩村通世司法大臣　橋田邦彦文部大臣　井野碩哉農林大臣　岸信介商工大臣　寺島健逓信大臣兼鉄道大臣　小泉親彦厚生大臣　鈴木貞一企画院総裁兼国務大臣　杉山元参謀総長　永野修身軍令部総長　塚田攻参謀次長　伊藤整一軍令部次長　原嘉道枢密院議長　星野直樹書記官長　武藤章陸軍省軍務局長　岡敬純海軍省軍務局長

昭和二十(一九四五)年八月十日

鈴木貫太郎首相　東郷茂徳外務大臣　阿南惟幾陸軍大臣　米内光政海軍大臣　梅津美治郎参謀総長　豊田副武軍令部総長　平沼騏一郎枢密院議長　吉積正雄陸軍省軍務局長　保科善四郎海軍省軍務局長　池田純久綜合計画局長　迫水久常書記官長

同年八月十四日

鈴木貫太郎首相　東郷茂徳外務大臣兼大東亜大臣　阿南惟幾陸軍大臣　米内光政海軍大臣　梅津美治郎参謀総長　豊田副武軍令部総長　安倍源基内務大臣　広瀬豊作大蔵大臣　松阪広政司法大臣　太田耕造文部大臣　石黒忠篤農商大臣　豊田貞次郎軍需大臣　小日山直登運輸大臣　岡田忠彦厚生大臣　桜井兵五郎国務大臣　左近司政三国務大臣　安井藤治国務大臣　下村宏情報局総裁兼国務大臣　村瀬直養法制局長官　池田純久綜合計画局長官　平沼騏一郎枢密院議長　吉積正雄陸軍省軍務局長　保科善四郎海軍省軍務局長　迫水久常書記官長

半藤一利
1930年東京都生まれ．文藝春秋で「週刊文春」「文藝春秋」編集長，取締役などを経て，作家．主な著書に『日本のいちばん長い日』，『ノモンハンの夏』(山本七平賞)，『昭和史』(毎日出版文化賞特別賞)，『あの戦争と日本人』，『十二月八日と八月十五日』など．2021年1月12日逝去．

「昭和天皇実録」にみる開戦と終戦　岩波ブックレット 932

2015年9月8日　第1刷発行
2021年3月5日　第2刷発行

著　者　半藤一利《はんどうかずとし》

発行者　岡本　厚

発行所　株式会社　岩波書店
〒101-8002　東京都千代田区一ツ橋 2-5-5
電話案内　03-5210-4000　営業部　03-5210-4111
https://www.iwanami.co.jp/booklet/

印刷・製本　法令印刷　　装丁　副田高行　　表紙イラスト　藤原ヒロコ

ISBN 978-4-00-270932-1　　Printed in Japan

読者の皆さまへ

岩波ブックレットは，タイトル文字や本の背の色で，ジャンルをわけています．

赤系＝子ども，教育など
青系＝医療，福祉，法律など
緑系＝戦争と平和，環境など
紫系＝生き方，エッセイなど
茶系＝政治，経済，歴史など

これからも岩波ブックレットは，時代のトピックを迅速に取り上げ，くわしく，わかりやすく，発信していきます．

◆岩波ブックレットのホームページ◆

岩波書店のホームページでは，岩波書店の在庫書目すべてが「書名」「著者名」などから検索できます．また，岩波ブックレットのホームページには，岩波ブックレットの既刊書目全点一覧のほか，編集部からの「お知らせ」や，旬の書目を紹介する「今の一冊」，「今月の新刊」「来月の新刊予定」など，盛りだくさんの情報を掲載しております．ぜひご覧ください．

▶岩波書店ホームページ　https://www.iwanami.co.jp/ ◀
▶岩波ブックレットホームページ　https://www.iwanami.co.jp/booklet ◀

◆岩波ブックレットのご注文について◆

岩波書店の刊行物は注文制です．お求めの岩波ブックレットが小売書店の店頭にない場合は，書店窓口にてご注文ください．なお岩波書店に直接ご注文くださる場合は，岩波書店ホームページの「オンラインショップ」(小売書店でのお受け取りとご自宅宛発送がお選びいただけます)，または岩波書店〈ブックオーダー係〉をご利用ください．「オンラインショップ」，〈ブックオーダー係〉のいずれも，弊社から発送する場合の送料は，1回のご注文につき一律650円をいただきます．さらに「代金引換」を希望される場合は，手数料200円が加わります．

▶岩波書店〈ブックオーダー〉　☎ 049(287)5721　FAX 049(287)5742 ◀